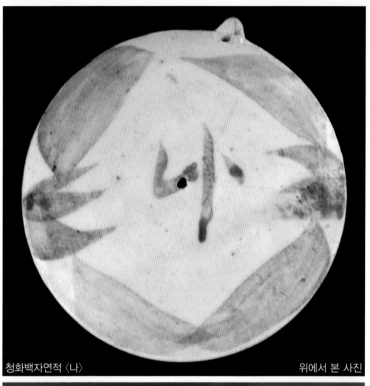

청화백자연적 〈나〉   위에서 본 사진

청화백자연적 〈나〉   옆에서 본 사진

19세기 말에서 20세기 초에 이르는 시기에 만들어진 것으로 보이는 청화백자연적에 〈나〉라는 글자가 쓰여 있다. 한국인이 만든 것 가운데서 〈나〉라는 글자를 또렷하게 그리거나 새긴 것으로는 처음의 것으로 생각된다. 이것을 보고 있노라면 나, 너, 저, 우리, 남에 대한 생각이 갖가지로 밀려오고 밀려가는 것을 느낄 수 있다.

한국인에게 나는 누구인가

최 봉 영

지식산업사

한국인에게 나는 누구인가

초판 제1쇄 인쇄 2012. 8. 10.
초판 제1쇄 발행 2012. 8. 14.

지은이   최 봉 영
펴낸이   김 경 희
펴낸곳   (주)지식산업사
         본사 ● 413-832, 경기도 파주시 교하읍 문발리 520-12
              전화 (031) 955-4226~7 팩스 (031)955-4228
         서울사무소 ● 110-040, 서울시 종로구 통의동 35-18
              전화 (02)734-1978 팩스 (02)720-7900
         한글문패   지식산업사
         영문문패   www.jisik.co.kr
         전자우편   jsp@jisik.co.kr
         등록번호   1-363
         등록날짜   1969. 5. 8.

책값은 뒤표지에 있습니다.

ISBN 978-89-423-6312-4 (04150)
ISBN 978-89-423-0067-9 (세트)

이 책을 읽고 저자에게 문의하고자 하는 이는
지식산업사 전자우편으로 연락 바랍니다.

다움에 이르는 길 시리즈를 펴면서

한국인은 흔히 '사람이면 다 사람이냐, 사람이 사람다워야 사람이지'라고 말한다. 한국인은 사람의 핵심이 사람다움을 이루는 일에 있다고 생각한다. 한국인은 사람다움에 대한 바람을 이루어보고자 갖은 일을 무릅쓰며 열심히 살아간다.

한국인은 사람다움에 대한 열망을 생명과 존재의 세계로 넓혀서 풀은 풀답고, 나무는 나무답고, 강은 강답고, 산은 산답고, 계절은 계절답고, 그릇은 그릇답고, 집은 집답고, 나라는 나라다워서 모든 것이 저마다 제다움에 이를 수 있는 아름다운 세상을 꿈꾼다. 한국인은 이러한 꿈을 이루기 위해서 한국말을 터전으로 삼아 줄기차게 '다움에 이르는 길'을 갈고닦아 왔다.

나는 사람, 아름, 다움, 아름다움, 나, 너, 우리, 남, 것, 맛, 멋, 봄, 떨림, 울림, 어울림, 가르침, 다스림과 같은 개념을 바탕으로 '다움에 이르는 길'을 묻고 따지고 푸는 일을 오랫동안 해 왔다. 이제 공부의 결과를 여러 권의 책으로 묶어서 펴내게 되었다. 첫 권으로 선보이는 책이 《한국인에게 나는 누구인가》이다. 앞으로 아름다움, 말, 존재, 가르침, 다스림 따위를 다루는 책이 이어서 나오게 될 것이다. '다움에 이르는 길'을 찾는 이들에게 도움이 될 수 있기 바란다.

2012년 8월 5일
최 봉 영

머리글

나는 30년이 넘도록 개념을 다듬어서 이론을 만들어 온 사람이다. 그동안 나름대로 여러 가지 이론을 만들어 논문이나 저서로 발표해 왔다. 이러한 과정에서 나는 학문의 즐거움을 함께 하는 많은 사람을 만날 수 있었고, 그들에게 마음에서 우러난 도움과 격려를 받기도 했다.

처음에 조선시대 선비들이 읽었던 성리학의 기본 교과서에 나오는 개념들을 바탕으로 이론을 만들었다. 서구학문에서 배운 여러 가지 방법론을 응용하여 1994년에 《한국인의 사회적 성격》(1)(2), 1997년에 《조선시대 유교문화》와 《한국문화의 성격》, 2000년에 《주체와 욕망》과 같은 책을 펴냈다.

《주체와 욕망》을 펴낸 뒤로, 중국이나 서구에서 빌려온 개념이나 방법론에 기대어 이론을 만드는 일에 한계를 느꼈다. 예컨대 한국인이 말하는 '나', '저', '우리'와 같은 개념을 깊이 따져보지도 않은 상태에서 아我, 기己, 자아自我, 자기自己, 자신自身, 자성自性, 유아有我, 무아無我, 아이I, 셀프self, 에고ego, 아이덴티티identity와 같은 것으로 '나', '저', '우리' 따위를 풀어내는 일은 앞뒤가 뒤바뀐 일로서, 제대로 이루어질 수 없음을 깨닫게 되었다. 아我, 기己, 자아自我, 자기自己, 자신自身, 자성自性, 유아有我, 무아無我, 아이I, 셀프self, 에고ego, 아이덴티티identity와 같은 것은 '나', '저', '우리'를 풀어내는 참고 자료이지 바탕 자료가 아니다. 이런 것에 생각이 미치자 '나', '너', '저', '우리', '남'을 비롯하여 '나다', '보다', '떨다', '울다', '어울리다', '아름답다' 따위가 무엇을 뜻하는지 알아내는 일에 깊이 빠져들게 되었다.

한국인은 사람답게 살아보고자 하는 바람을 이루어보려고 한국말을 갈고닦아 왔다. 한국말에는 한국인이 가꾸어놓은 보람과 슬기와 재주가 오롯이 담겨 있다. 나는 이러한 말을 바탕으로 한국인과 한국문화와 한국사회를 묻고 따지고 풀기 시작하였다. 이러한 과정에 본질과 현상의 만남을 뜻하는 '본보기'를 바탕으로 한국인의 문화의식을 밝힌 《본과 보기 문화이론》을 2002년에, 한국말의 높임말과 낮춤말에 담겨진 형식적 권위주의를 밝힌 《한국사회의 차별과 억압》을 2005년에 펴냈다. 그리고 다른 분들과 뜻을 함께하여 1997년부터 《우리말 철학사전》 1~5권을 펴내는 일과 '우리말로 학문하기 모임'을 키우는 일을 하였다.

나는 한국말의 짜임새, 생김새, 쓰임새 따위를 더욱 깊이 파고들어 한국인이 일구어 온 논리, 존재, 세계, 인간, 교육, 정치, 덕성, 도덕, 미학 따위가 어떠한 바탕을 갖고 있는지 하나하나 풀어내기 시작하였다. 10년 동안 거의 밥맛을 잃어버릴 정도로 혼신의 힘을 기울여 나, 저, 우리, 남, 임, 아님, 바뀜, 있음, 없음, 참, 거짓, 속임, 가르침, 배움, 익힘, 어짊, 모짊, 사랑, 다스림, 아름, 그위, 아름다움, 덕스러움, 슬기로움과 같은 말에 매달려 왔다. 나는 〈한국인에게 아름다움은 무엇인가〉, 〈한국인에게 사람다움은 무엇인가〉, 〈한국인에게 교육이란 무엇인가〉, 〈한국인에게 정치란 무엇인가〉, 〈한국인은 어떠한 방식으로 존재를 경험하는가〉, 〈한국말의 힘과 생산성〉, 〈퇴계학의 바탕으로서 한국말〉과 같은 논문들을 써 왔다.

그리고 이번에 나는 한국말의 짜임새, 생김새, 쓰임새를 바탕으로 한국인과 한국문화를 풀어내는 여러 권의 책을 펴내기로 하였다. 한국인이 사람답게 살아 보기 위해서 애써 가꾸어 놓은 갖가지 개념들, 곧 나, 저, 우리, 남, 임, 아님, 바뀜, 있음, 없음, 참, 거짓, 속임, 가르침, 배움, 익힘, 어짊, 모짊, 사랑, 다스림, 아름, 그위, 아름다움, 덕스러움, 슬기로움과 같은 것을 하나하나 묻고 따지고 풀어 보려고 한다.

내가 한국말에 깊이 빠져들게 된 것은 한국인과 한국문화를 풀어내는 일을 넘어서 사람과 문화가 무엇인지 그 바탕을 밝혀 보고 싶었기 때문이다. 이러한 것을 효과적으로 이룰 수 있는 방법 가운데 하나가 한국말을 바탕으로 한국인과 한국문화를 풀어내는 일이라고 보았다. 다행스럽게도 나는 이러한 작업을 통해서 사람과 문화가 무엇인지 밝힐 수 있는 새로운 기틀을 마련할 수 있었다. 서구나 중국에서 가져온 개념이나 이론으로

써는 찾아보기 어려운 새로운 실마리들이 한국말을 통해서 환하게 모습을 드러내는 것을 보게 되었다.

나는 21세기를 비출 수 있는 새로운 인문학이 한국에서 그 불씨를 지필 수 있다고 본다. 이번에 연이어 나오게 될 책들을 읽어 본다면 누구나 그러한 생각을 가질 수 있을 것으로 생각한다. 이러한 일이 이루어진다면, 그것은 조상들이 나에게 물려준 덕분이며, 시대가 나를 도와준 덕분이며, 그리고 벗들이 나한테 베풀어 준 덕분이다. 모든 것이 고마울 따름이다.

차례

01. 왜 '나'를 말하는가

한국인이 배우고 쓰는 수많은 낱말 가운데서 가장 소중한 낱말 하나를 꼽으라고 한다면, 그것은 아마 '나'라는 낱말일 것이다. 내가 있기에 세상의 모든 것이 뜻을 가질 수 있기 때문이다. 내가 없다면 세상의 모든 것은 그저 모든 것에 지나지 않는다. 사람으로 태어나서 내가 누구인지 알고서, 나를 나답게 가꾸어갈 수 있다면 더 이상 바랄 것이 없을 것이다.

오늘날 한국인은 나에 대해서 수많은 말을 하지만, 정작 내가 누구인지 말하려면 매우 어렵다. 나에 대한 생각을 뒤로 밀어둔 채, 마냥 바쁘게 정신없이 살아가기 때문이다. 내가 누구인지 묻게 되는 상황에 처하게 되면 갈피를 잡지 못하고 이리저리 헤맨다. 아무리 헤

매도 끝이 보이지 않으면 살맛까지 잃어버린다. 이로 말미암아 많은 이들이 스스로 목숨을 끊고 있다. 한국은 스스로 목숨을 끊는 비율이 세계에서 으뜸이다.

오늘날 한국의 학자들은 아我, 자기自己, 자신自身, 자아自我, 자성自性, 에고Ego, 셀프Self와 같은 것을 빌려서 나를 말한다. 이들은 중국이나 서양에서 빌려 온 낯선 개념이나 이론으로 나를 풀어낸다. 이 때문에 이들이 나를 풀어내는 말을 일반인들은 잘 알아들을 수가 없다. 이제까지 어떤 학자도 한국인이 말하는 나, 낮, 남, 나이, 나름, 나다, 내다, 낳다와 같은 말이 무엇을 뜻하는지 묻고 따지고 풀어본 적이 없다. 학자들에게 한국말은 그냥 일상적으로 쓰는 말에 지나지 않는다.

한국의 학자들은 한국말이 중국말이나 서양말 못지않게 대단한 말이라는 것을 알지 못한다. 중국인이나 서양인이 저의 말을 갈고닦아 왔듯이 한국인도 그렇게 해왔다. 한국인이 쓰는 말 가운데 어느 하나도 그냥 쓰는 것은 없다. 말은 생겨난 까닭과 쓰이는 방법을 바탕으로 이 말과 저 말이 함께 어울려서 거대하고 장엄한 말씀의 세계를 이루고 있다. 한국말은 한국인이 함께 살아오면서 갈고닦아 온 재주와 슬기를 오롯이 담아 놓은 보물창고와 같다.

한국의 인문학자는 중국이나 서양에서 가져온 말을 높이 받들면서 한국말을 업신여기는 버릇을 갖고 있다. 이 때문에 한국인은 한국말에 담겨 있는 논리체계, 인식체계, 가치체계, 인간관, 세계관 따위에 대해서는 거의 관심을 기울이지 않았다. 한국인이 갖고 있는 한국말에 대한 관심은 기껏 한국말을 글자로 적는 도구인 한글에 대한 것이 고작이다. 이러니 아직도 많은 사람이 한국말과 한글의 관계조차 제대로 알지 못하여 한국말 사전을 한글 사전으로, 한국말 연구를 한글 연구로, 한국말 사랑을 한글 사랑으로 잘못 이해하고 있다.[1]

---

1) 한국말과 한글의 관계가 이상하게 된 것은 한국말을 연구하는 학자들, 특히 해방 이후에 조선어학회를 한글학회로 이름을 바꾼 분들의 책임이 크다. 1949년에 조선어학회가 한글학회로 이름이 바뀌게 된 것은 조선어학회에서 그동안 한글맞춤법연구와 한글보급운동에 힘써 온 점과 함께 해방 이후에 남북의 분단으로 학회의 간부로 있던 김두봉과 같은 이들이 북한으로 넘어가고, 북한이 조선이라는 나라 이름을 쓰게 되면서였다. 한국말을 연구하는 대표적인 학회의 이름이 한글학회가 된 이후로, 한국말을 연구, 계몽, 교육하는 일반 단체들 또한 한글이라는 이름을 주로 사용하였다. 한글사랑, 한글지킴이, 한글운동, 한글운동시민연합과 같은 것이 그 예이다.

한국인이 나를 나답게 만들어가는 바탕은 한국말에 있다. 한국인은 나, 저, 우리, 너, 남, 맛, 멋, 어짊, 모짊, 맞음, 틀림 따위와 같은 한국말을 터전으로 삼아서 나를 나답게 만들어 가는 삶의 차림판을 엮어나간다. 사람들은 이러한 차림판을 바탕으로 정신을 차림으로써, 생각이 있고 분별이 있는 사람으로서 살아갈 수 있다. 한국인은 이러한 차림판이 흐려지면 정신을 차리기 어렵기 때문에 생각이 없는 상태가 되어서 염치, 체면, 예의, 살림, 가게, 회사 따위를 차리는 일 또한 제대로 할 수가 없다.

한국인은 나를 나답게 만들어 가는 바탕인 삶의 차림판이 어떻게 엮여 있는지 잘 알지 못한다. 한국인이 나를 더욱 나답게 만들어 가고 싶다면 한국인이 오랫동안 함께 갈고닦아 온 삶의 차림판이 어떠한 것인지 깊이 살펴보아야 한다. 정약용은 일찍이 이런 점에 대해서 다음과 같이 일깨운 바 있다. '사람이 지려知慮[지혜로운 생각]로써 미루어 알아내는 것은 한계가 있고, 교사巧思[교묘한 생각]로써 파고들어 갈고닦는 것은 조금씩 이루어진다. 이런 까닭에 비록 성인聖人이라고 하더라도 수

많은 사람들이 함께 논의한 것을 당할 수는 없으며, 하루아침에 그 아름다움을 다 이룰 수는 없다. 이러므로 사람의 무리가 더욱 많이 모이면 그 기예技藝가 더욱 정밀해지게 되고, 시대가 더욱 아래로 내려가면 그 기예가 더욱 교묘해지게 된다.'2) 우리가 몇몇 성인의 특별한 말이 아니라 수많은 한국인이 함께 가꾸어 온 일상의 말에서 삶의 차림판을 찾아내고 드러내는 일은 어떤 것보다 값진 일이다.

---

2) 정약용, 〈기예론技藝論〉, 知慮之所推運有限, 巧思之所穿有漸, 故雖聖人不能當千萬人之所共議, 雖聖人不能一朝而盡其美, 故人彌聚則其技藝彌精, 世彌降則其技藝彌工.

02. 나

    사람이 하는 모든 말은 서로 엮임으로써 저마다 뜻을 갖는다. 홀로 떨어져 있는 말은 아무런 뜻도 가질 수 없다. 예컨대 솔나무는 여러 가지 나무들 가운데서 '솔'이라는 나무를 가리키고, 이러한 솔나무는 참나무, 감나무, 배나무, 버드나무와 다른 성질을 갖는 어떤 나무로서 뜻을 갖는다. 그리고 솔나무의 솔은 사람이 풀을 칠하거나 먼지를 터는 솔과 엮여 있고, 활을 쏘아서 맞추는 과녁인 솔과 엮여 있고, 구멍을 내거나 뚫는데 쓰이는 송곳과 엮여 있다.3)

---

3) 한국인은 솔나무의 잎이나 뿌리로써 솔을 만들었다. 솔나무의 뾰족한 잎을 묶어서 만든 솔은 김에 기름을 바르거나 솥의 바닥을 쓸어내는 데 썼고, 솔나무의 가느다란 뿌리를 묶어서 만든 솔은 길쌈을 하는 데 썼다. 솔나무의 나이테는 활을 쏘아서 맞추는 과

어떤 사람이 때죽나무나 고죽나무라고 말하면, 한국인은 그것이 어떤 나무를 뜻하는 것으로 받아들인다. 그런데 때죽나무는 소나무나 참나무와 견줄 수 있는 어떤 나무로서 산이나 들에 자라고 있기 때문에 그것을 부르는 이름으로서 구실할 수 있지만, 고죽나무는 소나무나 참나무와 견줄 수 있는 어떤 나무로서 살고 있지 않기 때문에 이름으로서 구실할 수 없다. 고죽나무가 이름으로 구실하기 위해서는 다른 것과 엮여서 어떤 것으로 분명하게 말해질 수 있어야 한다.

한국인이 말하는 '나'라는 말 또한 다른 것과 함께 엮임으로써 뜻을 갖는다. 한국말에서 '나'라는 말과 가장 가깝게 엮여 있는 것들이 '나다, 난 것, 난 데, 나이, 낳다, 낳은 것, 내다, 낸 것, 낱, 낱낱, 나름, 난 이, 난 놈'과 같은 것들이다. 이들은 나와 뿌리를 같이하는 것들로서, 이들과 '나'가 어떻게 엮여 있는지 살펴보면 나의 바탕을 알 수 있다.

녁의 모습과 비슷한 까닭에 과녁을 솔이라 말하고, 솔나무의 잎이 송곳처럼 뾰족한 까닭에 송곳을 솔옷이라 말한 것으로 볼 수 있다.

한국말에서 나는 '나다'와 뿌리를 같이하는 것으로서, 나는 '난 것'이나 '나 있는 것'을 뜻한다고 말할 수 있다. 예컨대 '최봉영'이라는 이름을 가진 나는 1952년 3월 6일 세상에 '난 것'으로서, 지금 이 글을 쓰고 있는 순간까지 줄곧 '나 있는 것'으로 있어 온 나를 일컫는다.[4]

한국인은 어떤 것이 세상에 난 뒤로 이제까지 나로서 있어 온 모든 것을 싸잡아서 '나이'라고 부른다. 나이는 내가 처음으로 세상에 난 뒤로 이제까지 나로서 있어 온 나의 시간과 공간을 말하는 동시에 내가 살면서 겪어 온 모든 자취를 말한다. 나이는 나의 모든 것을 통째로 담아내는 말이다. 지금의 나는 흘러가는 시간 속에 있는 한 순간의 나를 말할 뿐이고, 나의 모든 것은 나이에 담겨 있다. 한국인이 '나는 나다'라고 하는 말은 '나는 나이다'라고 하는 말과 같다.

한국인이 '나이'라고 말하는 것은 '나고 나서'에 바탕을 두고 있다. '나고 나서'에서 앞의 '나고'는 처음에 난

---

4) 한국말에서 나와 나다의 관계는 다른 말에서도 쉽게 찾아 볼 수 있다. 신과 신다, 길과 길다, 안과 안다, 다와 다다, 일과 일다, 속과 속다 따위가 있다.

것을 말하고, 뒤의 '나서'는 처음에 난 뒤로 이제까지 이어져 온 과정을 말한다. 한국인은 '나고'에 '나서'를 붙여서 그 뒤로 이어진 시간을 담아낸다. 이러한 '나서'는 '가고 나서', '보고 나서', '듣고 나서', '주고 나서'와 같은 말에서도 마찬가지이다. '나서'는 '나다'와 '나'와 '나이'가 하나로 엮여 있음을 잘 보여준다.[5]

나는 난 것으로 있기 위해서 반드시 난 데가 있어야 한다. 난 데는 나 있는 것이 비롯한 터전으로서 나 있는 모든 것은 언제나 난 데를 가져야 한다. 예컨대 난 데가 없이 하는 말은 터무니가 없는 말로서, 그것의 뜻을 제대로 살필 수가 없다.[6] 이런 까닭에 난 데를 모르

---

5) 한국말에서 나이는 나인 것을 말하는 까닭에 나이를 말할 때, '나는 나이가 열 살이다'라고 한다. 이때 나인 것을 뜻하는 나이와 햇수를 뜻하는 살은 뿌리가 다른 말이다. 중국말과 영어에서 나이는 단지 햇수를 말하는 까닭에 '나는 열 살이다'라는 말을 '我十歲[나는 열 살이다]' 또는 '我年齡十歲[나는 햇수가 열 살이다]'라고 말한다. 'I am ten years old' 또는 'My age is ten'라고 말한다. 이때 나이는 햇수이고, 햇수가 나이이다. 한국인이 나이와 살을 구분해서 말하는 것은 중국인이나 영국인에서는 찾아보기 어려운 일이다.

6) 한국인은 어떤 것이 일어난 까닭을 이해하기 어려울 때에 '난데 없다', '뜬금없다', '터무니없다', '어이가 없다'와 같은 말을 한다. 이는 어떤 것이 일어나기 위해서는 반드시 일이 터진 난 데, 뜬 금, 터무니, 어이가 있어야 한다는 것을 말한다. 난 데는 일이 생

는 상태에서는 '잘했다'는 말이 칭찬하는 말인지, 비난하는 말인지, 그냥 하는 말인지 뜻을 알아차릴 수 없다.

한국말에서 어떤 것의 난 데를 밝혀 주는 것은 두 가지가 있다. 하나는 '내다'이고 다른 하나는 '낳다'이다. '내다'는 어떤 것이 밖으로 모습이 드러나도록 하는 것을 말하고, '낳다'는 어떤 것을 이루어서 밖으로 드러나게 하는 것을 말한다.

한국말에서 '내다'는 '나+이+다'가 줄어든 말로서, 어떤 것을 낼 수 있는 힘을 가진 임자가 어떤 것이 밖으로 모습을 드러내도록 하는 것을 말한다. 예컨대 '하느님이 나를 냈다'는 것은 하느님이라는 임자가 내가 밖으로 모습을 드러나도록 한 것을 말한다. 이때 하느님은 나를 나게 한 난 데를 가리키는 말이다. 내 쪽에서 나를 보게 되면 나는 난 것이지만, 하느님 쪽에서 나를 보게 되면 나는 나게 한 것이다.

한국말에서 '낳다'는 '나+히+다'가 줄어든 말로서, 임자가 어떤 것을 이루어서 밖으로 모습을 드러나게 하는

겨난 곳을, 뜬 금은 일이 터진 금을, 터무니는 일이 터진 무늬를, 어이는 칼과 같은 것으로 파놓은 흔적을 뜻한다.

것을 말한다. 예컨대 '어머니가 나를 낳았다'는 것은 어머니라는 임자가 나를 이루어서 밖으로 모습을 드러나게 한 것을 말한다. 이때 어머니는 나를 나게 한 난 데를 가리키는 말이다. 나의 쪽에서 나를 보게 되면 나는 난 것이지만, 어머니의 쪽에서 나를 보게 되면 나는 낳은 것이다.

하느님과 어머니는 모두 난 데를 가리키는 말이지만, 나게 하는 방법에서 다르다. 하느님은 어떤 것이 밖으로 모습을 드러내도록 하는 임자이기 때문에 모습을 드러내고 있는 모든 것이 하느님이 낸 것이라고 말할 수 있다. 이 때문에 한국인은 세상에 널려 있는 모든 것을 하느님이 낸 것으로 말하는 일이 많다. 이때 하느님은 모든 것이 밖으로 모습을 드러내도록 하는 바탕이나 까닭을 뜻한다. 반면에 어머니는 어떤 것을 이루어서 밖으로 모습을 드러나게 하는 임자이기 때문에 이루어지는 과정을 밟아서 밖으로 나온 것만이 어머니가 낳은 것이 될 수 있다. 이 때문에 한국인은 알이나 새끼와 같은 것만을 어머니가 낳은 것으로 말한다.[7]

나는 난 데가 없이 난 것이 아니라 난 데가 있이 난

것이기 때문에 나는 언제나 난 데와 이어져 있다. 난
데는 내가 비롯한 터전이자 뿌리로서 내가 누구인가를
밝혀주는 실마리이다.8) 이 때문에 내가 난 데를 저버리
고 나를 오로지하는 것은 나의 터전과 뿌리를 떠나는
일과 같다.

한국말에서 난 것이 난 데와 어떠한 관계에 있는지

---

7) 옛날에 쓰인 시조나 가사나 소설에는 '아버지가 나를 낳으시고,
어머니가 나를 기르셨다'는 구절이 자주 나오는 것을 볼 수 있
다. 그런데 이런 말은 한국인이 흔히 '어머니가 아기를 낳았다',
'어미가 새끼를 낳았다', '암컷이 새끼를 낳았다'라고 말하는 것에
비추어볼 때 뭔가 이상한 말이라는 느낌을 준다. 한국인이 아버
지가 나를 낳은 것으로 말하게 된 것은 《시경詩經》에 나오는 '父
兮生我, 母兮鞠我'를 '아버지가 나를 낳으시고, 어머니가 나를 기르
셨다'라고 옮겼기 때문이다. 중국인은 하늘이 모든 것을 낸 것처
럼 아버지가 나를 낸 것으로, 땅이 모든 것을 기르는 것처럼 어
머니가 나를 기르는 것으로 보아서 '父兮生我, 母兮鞠我'라고 생각
하는 버릇이 있다. 중국인은 나다와 내다와 낳다를 모두 생生으
로 말하기 때문에 아버지와 어머니를 억지로 구분하게 되자 어
쩔 수 없이 부父에게 생生을 붙이고 모母에게 국鞠을 붙여서 '아
버지는 나를 낳고, 어머니를 나를 기른다'로 말하게 되었다. 한국
말의 본뜻을 살려서 '父兮生我, 母兮鞠我'를 옮긴다면 '아버지가 나
를 내고, 어머니가 나를 낳다'로 해야 할 것이다. 그래야 아버지
와 어머니가 모두 내가 난 데인 것을 또렷하게 담아낼 수 있다.
8) 시작을 뜻하는 비롯하다는 빌어서 하다의 뜻을 지니고 있다. 어
떤 것이 시작하는 것은 곧 다른 것을 빌어서 하는 것을 말한다.
사람이 다른 것의 힘을 빌어서 어떤 것이 일어나도록 바라는 마
음에서 하는 행동이 '빌다'이다.

잘 보여주는 말이 '나오다'와 '나가다'이다. 난 것은 난 데에서 나간 것이면서 동시에 난 데에서 나온 것이다. 사람이 난 것을 난 데의 안에서 보게 되면 나간 것이 되고, 난 데의 밖에서 보게 되면 나온 것이 된다. 예컨 대 방의 안에 있는 사람은 어떤 사람이 문밖으로 나가 는 것을 보게 되고, 방의 밖에 있는 사람은 어떤 사람 이 문 안에서 나오는 것을 보게 된다. 어떤 사람이 문 밖으로 나가는 것과 문 안에서 나오는 것은 하나이다.[9]

한국인이 말하는 난 것과 난 데와 낸 것과 낳은 것은 내가 홀로 하는 것이 아니라 언제나 다른 것과 함께하 는 것임을 말한다. 이는 나라는 존재가 낱낱으로 따로 하면서 모두로서 함께하는 존재임을 말한다.

'나'의 갈래

한국인은 어떤 것이 나는 것을 여러 가지로 나누어서 말한다. 한국인은 나는 것을 생겨나다, 태어나다, 솟아

---

9) 이러한 것은 어떤 것이 난 뒤로 이제까지 겪은 일을 보기에 따라 서 지나온 일이 또는 지나간 일로 말하는 것에서도 동일하게 나 타난다. 이제까지 살아온 과정을 잣대로 보면 지나온 일이 되고, 이제까지 흘러간 시간을 잣대로 보면 지나간 일이 된다.

나다, 돋아나다, 피어나다, 일어나다 따위로 말한다. 생겨나다는 것은 생겨서 나는 것을 말하고,[10] 태어나다는 타고서 나는 것을 말하고, 솟아나는 것은 솟아서 나는 것을 말하고, 돋아나는 것은 돋아서 나는 것을 말하고, 피어나다는 피어서 나는 것을 말하고, 일어나다는 일어서 나는 것을 말한다.

나 있는 것은 모두 '나'인 까닭에 세상에는 생겨나고, 태어나고, 솟아나고, 돋아나고, 피어나고, 일어난 것으로서 무수히 많은 나가 있다. 세상에 널려 있는 온갖 것이 다 나라고 말할 수 있다. 그런데 이러한 나는 저마다 가지고 있는 자질이 서로 다르다. 한국인이 말하는 '나'를 그것이 가지고 있는 자질에 따라서 갈래를 나누어보면 대략 다음과 같다.

첫째, '나' 가운데서 좋음, 싫음, 어짊, 모짊, 귀신, 천사, 하느님과 같은 것은 형체를 갖고 있지 않은 '나'인 반면에 흙, 돌, 물, 풀, 나무, 나비, 개, 사람과 같은 것

---

10) '생기다'는 본디 '삼다'에 바탕을 둔 삼기다로 쓰였다. 그런데 한자 낱말인 '생生'이 널리 쓰이게 되자, 삼기다의 삼이 생으로 바뀌어 생기다로 쓰이게 되었다. 오늘날에는 삼기다는 쓰이지 않고 삼다와 생기다가 쓰이고 있다.

은 형체를 갖고 있는 '나'이다.11) 우리는 일반적으로 앞의 것을 비물질적인 것, 뒤의 것을 물질적인 것이라고 부른다.

둘째, 형체를 갖고 있는 '나' 가운데서 흙, 돌, 물과 같은 것은 스스로 나를 이루어 나가지 못하는 '나'이며, 풀, 나무, 나비, 개, 사람과 같은 것은 스스로 '나'를 이루어 나가는 '나'이다. 우리는 일반적으로 앞의 것을 무생물, 뒤의 것을 생물이라고 부른다.

셋째, 스스로 나를 이루어 나가는 '나' 가운데서 풀이나 나무와 같은 것은 제가 '나'인 것을 알지 못하는 '나'이며, 나비나 개와 같은 것은 제가 '나'인 것을 아는 '나'이다. 우리는 일반적으로 앞의 것을 식물, 뒤의 것을 동물이라고 부른다.

넷째, 제가 '나'인 것을 아는 '나' 가운데서 나비나 개와 같은 것은 '나'를 '나'로서 말하지 못하는 나이지만,

---

11) 좋음, 싫음, 어짊, 모짊, 귀신, 천사, 하느님처럼 형체를 갖고 있지 않은 것은 다시 두 가지로 나눌 수 있다. 형체를 가진 것에 바탕을 두고 있는 것으로 좋음, 싫음, 어짊, 모짊 따위가 있고, 오로지 생각에 바탕을 두고 있는 것으로 귀신, 천사, 하느님 따위가 있다.

사람은 나를 나로서 말하면서 나를 이루어가는 나이다. 우리는 일반적으로 나를 나로서 말하지 못하는 나비나 개를 벌레나 짐승으로, 나를 나로서 말하면서 나를 이루어 나가는 사람을 모든 것 가운데서 가장 뛰어난 것으로서 '만물의 영장'이라 부른다.

한국인은 갖가지로 난 것 가운데서 임자로 여길 만한 것을 '난 이', '난 놈' 따위로 높여서 부른다. '잘난 이', '못난 이', '잘난 놈', '못난 놈'이라고 부르는 '난 이'와 '난 놈'이 바로 그것이다. '잘난 이'와 '잘난 놈'은 잘 나 있는 것을, '못난 이'와 '못난 놈'은 잘 나있지 못한 것을 말한다. 사람은 세상에 널려 있는 숱한 '난 이'나 '난 놈' 가운데서 가장 으뜸이 되는 '난 이'와 '난 놈'이다. 이 때문에 사람은 '잘'나고 '못'나는 것을 무엇보다도 중요하게 여긴다.

사람은 '나'를 '나'로서 말할 수 있게 되면서, 온갖 '나'를 생각하고 이루고자 할 수 있게 되었다. 사람은 힘 있는 나, 힘없는 나, 슬기로운 나, 바보스런 나, 멋있는 나, 멋없는 나, 좋은 나, 싫은 나, 어진 나, 모진 나, 옳은 나, 그른 나, 맞는 나, 틀린 나 따위를 생각하고,

그 가운데서 제가 바라는 '나'를 이루어보려고 한다.

한국인은 어떤 것이 밖으로 드러나게 하는 것을 '내다'라고 말한다. 예컨대 뜻을 내다, 성을 내다, 욕심을 내다, 의견을 내다, 회비를 내다에서 말하는 내다는 뜻, 성, 욕심, 의견, 회비를 밖으로 드러나게 하는 것을 말한다. 내다는 나이다가 줄어서 된 낱말로서 임자가 어떤 것을 밖으로 드러나게 하는 것을 말한다.

한국말에서 '나다'는 어떤 것이 나고 있는 현상을 그냥 드러내는 낱말인 반면에 '내다'는 어떤 것이 나도록 하는 임자를 드러내는 낱말이다. 예컨대 '나는 성이 나다'는 나에게서 성이 드러나고 있음을 말하고, '나는 성을 내다'는 나라는 임자가 성이 드러나도록 함을 말한다. 사람은 그냥 나 있는 임자에서 어떤 것을 나도록 하는 임자가 됨으로써 임자를 뚜렷이 드러낸다.

사람은 말로써 생각을 내는 것을 바탕으로 온갖 뜻을 내고, 꾀를 내고, 욕심을 내고, 심술을 낼 수 있게 됨에 따라서 갖가지 것들을 만들어 내어 쓸 수 있게 되었다. 예컨대 사람은 형체를 가진 흙, 돌, 물, 풀, 나무, 나비, 개와 같은 것으로써 온갖 것들을 만들어 내어 쓸 수 있도록 할 뿐 아니라 형체를 가지지 않은 좋음, 싫음, 어짊, 모짊, 귀신, 천사, 하느님과 같은 것으로써 온갖 것들을 만들어 내어 쓸 수 있도록 한다. 사람은 이러한 것에 기대어 문화를 일구어 왔다.

사람은 뜻, 꾀, 욕심, 심술 따위를 낼 수 있는 힘을 갖게 됨에 따라, 나를 나답게 만들어 보고자 하는 꿈을 갖는다. 사람이 나를 나답게 만드는 것은 나의 몸과 마음을 아름답게 만드는 일로 이루어진다.[12] 사람은 몸과 마음을 아름답게 만들어 나를 나답게 함으로써 사람다움으로 나아가게 된다.

한국인은 나 있는 것을 하나하나로 일컬을 때 낱이라고 말한다. 낱은 나다와 낳다에 뿌리를 둔 말로서, 스스로 난 것이면서 누군가 낳은 것을 뜻한다. 한국인은 여러 개의 낱을 하나하나로 일컬을 때 낱낱이라고 말한다. 낱낱은 나 있는 것들이 저마다 따로 떨어져 있는 것을

---

12) 한국인이 말하는 '아름답다'는 낱낱의 개체 또는 개체성을 뜻하는 '아름'과 어떤 것을 다한 상태를 뜻하는 '답다'가 어울린 낱말이다. 몸이 아름다운 것은 몸을 이루고 있는 여러 가지 것들이 잘 어울리는 상태인 것을 말하고, 마음이 아름다운 것은 마음으로서 나의 밖에 있는 다른 것과 함께 잘 어울리는 상태인 것을 말한다.

말한다.

　한국인은 낱낱이 지니고 있는 자질이나 자격을 나름이라고 말한다. 예컨대 '그것 나름으로 뜻이 있다', '제 나름대로 할 수 있는 만큼 했다'라고 말할 때 나름이 그것이다. 낱낱은 나름으로서 저마다 독자성을 가질 수 있다. 나름으로, 나름대로는 낱을 낱으로 부를 수 있는 바탕을 가리킨다.

03. 나와 남

세상에는 이루 헤아릴 수 없이 많은 난 것들이 여기 저기에 널려 있다. 이렇게 널려 있는 난 것은 낱낱이 저마다 따로 가만히 있는 것이 아니라 모두가 함께 어울려 일어나고 있다. 곧 세상은 모든 것이 끊임없이 함께 어울려서 생겨나고, 태어나고, 솟아나고, 돋아나고, 피어나고, 일어나는 곳이다. 따라서 난 것으로서 있는 나의 본질은 갖가지로 펼쳐지는 남, 곧 생겨남, 태어남, 솟아남, 돋아남, 피어남, 일어남에 있다.

한국인은 함께 어울려서 갖가지로 펼쳐지는 남으로 있는 것, 곧 함께 어울려서 생겨남, 태어남, 솟아남, 돋아남, 피어남, 일어남으로 있는 것을 '남'이라고 부른다. 사람들이 '남남으로 태어나다', '남남으로 살아간다'라고 말하는 남이 그것이다. 세상은 온통 갖가지 남으로 가득 차 있다.

남은 함께 어울려서 새롭게 나는 것이기 때문에 남과 남은 서로 떨어질 수 없는 관계에 있다. 남과 남은 함께 하나의 우리를 이루다가 다시 남과 남으로 갈라서는 일을 거듭하면서 끊임없이 생겨나고, 태어나고, 솟아나고, 돋아나고, 피어나고, 일어나는 일을 한다.

한국인에게 세상은 함께 어울려서 끊임없이 생겨나고, 태어나고, 솟아나고, 돋아나고, 피어나고, 일어나는 남으로 이루어져 있다. 세상은 이루 헤아릴 수 없이 많은 남이 함께 일을 벌이는 때와 곳이다.

한국인은 세상에 난 뒤로 이제까지 나고 있는 하나의 남을 임자로서 일컬어서 나라고 말하면서, 나의 밖에 남아 있는 나머지의 남을 모두 싸잡아서 남들이라고 부른다. 이런 까닭에 나라는 임자의 처지에서 세상을 바라보게 되면, 세상은 하나인 나와 수많은 남들로 이루어져 있다.

사람이 어떤 것을 나와 남으로 나누기 이전에 나와 남은 남과 남으로서 같은 것이다. 이런 까닭에 남과 남이 나와 남으로 나뉘더라도, 나와 남이 갖고 있는 같은 뿌리는 사라지는 것이 아니다. 따라서 나와 남이 본디 같은 뿌리에서 비롯하고 있음을 잊는 것은 바탕을 저버리는 일이다. 내가 나와 남이 같은 뿌리에서 비롯함을 잊게 되면 스스로 나의 바탕을 저버리게 된다.

내가 어떤 것을 남으로 말하는 것은 나와 남이 뿌리를 같이하는 만큼 내가 남을 나처럼 알아주어야 함을 뜻한다. 예컨대 내가 어떤 것을 남의 쌀이라고 말하는 것은 내가 남의 쌀과 나의 쌀이 모두 쌀인 것으로 받아들이는 것과 함께 내가 남의 쌀을 다루는 일을 나의 쌀을 다루듯이 해야 함을 말한다. 이것이 바로 나와 남을 윤리적으로 묶어 주는 바탕이 된다. 내가 남을 남으로 말하면서 남을 남으로서 여기지 않는다면, 나는 남에 대한 윤리를 생각하지 않게 된다.

나와 남은 모두 난 것으로서 서로 기대어 나고, 피고, 지고, 살고, 죽는 일을 되풀이하는 관계에 있다. 이런 까닭에 내가 나답게 되려면, 남이 남답게 되어야 한다. 예컨대 내가 나답게 되기 위해서는 바람이 바람답게, 물이 물답게, 풀이 풀답게, 나무가 나무답게 될 수 있어야 한다. 그래야 내가 바람, 물, 풀, 나무의 힘을 빌려서 나를 나답게 만들어 갈 수 있다. 바람, 물, 풀, 나무가 허물어져 저답게 되지 못하면, 나를 나답게 하는 일 또한 제대로 이루어질 수 없다.

나는 언제나 하나이지만 나의 밖에 있는 남은 적어도 하나 이상이다. 실제로 나의 밖에 있는 남은 아무리 헤아려도 헤아릴 수 없을 만큼 많다. 나는 남을 바탕으로 나고, 살고, 죽는 존재이다. 이 때문에 나는 남에게 기대어, 그리고 남을 잣대로 나답게 될 수 있다. 한국인은 내가 기대고 있는 남을 잣대로 삼아서 내가 남처럼, 남만큼, 남같이, 남보다, 남부럽지 않게, 남 못지않게 살아야 한다고 생각한다. 이때 남은 나를 비추고 재는 거울이자 잣대이다.

한국인은 남 가운데서 내가 마주하고 있는 남을 너라고 부른다. 너는 나의 너머에 있는 사람으로서, 내가 나를 넘어가면 곧바로 너와 마주하게 된다.[13] 나는 언제나 나이지만, 나를 넘어서 있는 너는 상황에 따라서 이

---

13) 너는 넘다, 넘치다, 넘어, 너머와 뿌리를 같이하는 낱말로 볼 수 있다.

리저리 바뀔 수 있다. 내가 어느 쪽으로 넘어가느냐에 따라서 이쪽이 너가 될 수도 있고, 저쪽이 너가 될 수도 있다. 나는 나와 곧바로 마주하고 있는 이쪽을 너라고 부르고, 비스듬하게 마주하고 있는 저쪽을 저라고 부른다. 내가 마주하는 바에 따라서 이쪽의 너와 저쪽의 저는 계속 바뀔 수 있다.

내가 남을 마주하는 것은 크게 두 가지 차원이 있다. 하나는 내가 남을 단순히 대상으로서 마주하는 것이고, 다른 하나는 내가 대상을 임자로서 마주하는 것이다.

첫째, 나는 오로지 나의 뜻에 따라서 남을 단순히 대상으로서 마주한다. 예컨대 내가 살아서 꿈틀거리는 낙지를 먹을 때, 나는 오로지 나의 뜻에 따라서 낙지를 단순히 대상으로서 마주한다. 내가 죽어가는 낙지의 아픔을 알아주게 되면 차마 그것을 먹을 수가 없다. 이런 까닭에 나는 갖고, 먹고, 쓰고, 버리는 많은 것을 오로지 나의 뜻에 맡겨진 대상으로서 마주한다. 이때 나와 남이 뿌리를 함께하는 것은 그저 세상에 함께 나 있는 정도에 지나지 않는다.

한국인은 남을 단순히 대상으로서 마주하고 싶을 때,

그것을 '~ 것'이라고 말하는 일이 많다. 나는 아무 것도 담고 있지 않은 '것'에 무엇이든 담아서 '~ 것'으로 일컬을 수 있다. 나는 '~ 것'을 통해서 뜻을 오로지할 수 있는 임자로 설 수 있다. 예컨대 '먹는 것'인 경우에는 나는 그것을 먹고 싶은 대로 다룰 수 있고, '노는 것'인 경우에는 나는 그것을 놀고 싶은 대로 다룰 수 있다고 생각한다. 이런 까닭에 사람들은 상대하는 사람을 마구 다루고 싶을 때는 사람조차 '~ 것'으로 끌어내려서 '상 것', '잡것', '아랫것'과 같은 말로써 일컫고자 한다.

둘째, 나는 남을 나와 같은 임자로서 뜻을 같이하여 마주한다. 예컨대 내가 다른 사람과 더불어 물건을 사고파는 일을 할 때, 나는 다른 사람을 나와 같은 임자로서 뜻을 같이하여 마주한다. 또한 내가 집안에 귀여운 개를 키울 때, 나는 그 개를 나와 같은 임자로서 뜻을 같이하여 마주한다. 이때 내가 남을 나와 같은 임자로서 알아주는 것은 오로지 나에게 달려 있다. 나는 남이 나와 같은 임자임을 깨닫고 그렇게 여기는 데까지만 남을 임자로서 알아줄 수 있다.

나와 남이 임자로서 마주하게 되면, 나는 뜻을 오로

지할 수 없고, 일을 함부로 할 수 없는 관계에 놓인다. 나는 남이 임자인 만큼 남을 임자로서 대접해야 한다. 나는 좋은 것과 싫은 것, 고운 것과 미운 것을 남과 함께해야 한다.14) 이 때문에 뜻을 오로지하고 일을 함부로 하고자 하는 사람은 남을 임자로서 마주하는 것을 꺼리게 된다. 이들은 어쩔 수 없는 경우에만 남을 임자로서 마주하려고 한다. 개인주의, 자유주의, 계약주의, 공리주의는 이런 것이 바탕에 깔려 있다.

---

14) 한국인이 말하는 '차마 그것을 볼 수 없었다', '차마 그를 두고 올 수 없었다'에서 차마는 참아를 소리 나는 대로 적은 것이라고 말할 수 있다. 참아는 내가 남의 처지나 형편을 알아주는 마음을 갖고 있기 때문에 뜻이나 일을 내가 하고 싶은 대로 하는 것을 참고서 남과 함께 더불어 하고자 하는 것을 말한다. 내가 참으려는 마음을 갖고 있어야 나와 남이 뜻이나 일을 함께할 수 있게 되고, 따라서 나와 남이 하나의 우리를 이룰 수 있다. 이와 달리 내가 참으려는 마음을 갖고 있지 않으면 나는 뜻이나 일을 내가 하고 싶은 대로 하기 때문에 나와 남은 하나의 우리를 이룰 수 없다. 그런데 내가 참으려는 마음을 갖고 있더라도, 언제나 그것을 제대로 이루는 것은 아니다. 예컨대 '나는 차마 그것을 볼 수 없었지만, 참고서 보았다', '나는 차마 그를 두고 올 수 없었지만, 참고서 두고 왔다'와 같은 경우이다. 나는 참으려는 마음을 갖고 있었지만 행동은 그것과는 반대로 이루어졌다. 이런 경우에도 나는 참으려는 마음을 바탕에 깔고 있기 때문에 내가 하고 싶은 대로 거침없이 또는 막무가내로 행동하지는 않는다. 참아는 한국인이 갖고 있는 윤리의식을 보여주는 매우 중요한 실마리이다.

내가 남을 어떻게 마주하느냐에 따라서 나와 남의 관계가 크게 달라지면서, 여러 가지 문제가 생겨날 수 있다. 내가 남을 나와 같은 임자로 여기는 경우에는 오로지 하거나 함부로 하는 일이 적기 때문에 문제가 일어날 소지가 적어질 수 있지만, 단순히 대상으로 여기는 경우에는 오로지하거나 함부로 하는 일이 많기 때문에 문제가 일어날 소지가 커지게 된다.

사람이 풀, 나무, 개, 돼지, 원숭이, 사람처럼 스스로 임자로서 구실을 할 수 있는 것을 단순히 대상으로 마주하는 경우에 여러 가지 문제가 일어날 수 있다. 특히 사람인 내가 다른 사람을 임자로 마주하지 않고, 단순히 대상으로 마주하는 경우에 심각한 문제가 일어나게 된다. 사람들은 '사람으로 여기지 않는다', '사람으로 취급하지 않는다', '사람을 업신여긴다', '사람을 깔본다', '사람을 개돼지로 안다', '사람을 물건처럼 다룬다'라고 생각하게 되면 크게 성을 내면서 다투거나 싸우게 된다.

한국인이 저마다 따로 하는 나를 바탕으로 만드는 우리는 닫힌 우리이다. 닫힌 우리는 저희들끼리만 임자로서 구실하고, 우리의 밖에 있는 남을 그냥 대상으로 보아 넘긴다. 이 때문에 사람이 닫힌 우리에 빠지게 되면, 남이 남답게 되어야 내가 내답게 될 수 있다는 것을 잊어버리게 된다. 이로써 내가 아무리 애를 쓰더라도 나를 나답게 이루어 갈 수 없는 사태가 벌어진다. 이렇게 되지 않기 위해서는 나와 남이 갖고 있는 본래의 바탕을 살릴 수 있어야 한다.

영국인과 나

영국인은 나를 말할 때 단순히 'I'라고 한다. 영국인은 I를 언제나 대문자로 써서 크게 돋보이게 하려고 한다. 한국말과 다르게 영국말에서 나를 가리키는 I와 낳다를 가리키는 bear가 아무런 직접적인 연관을 갖고 있지 않다. 나를 가리키는 I와 나이를 가리키는 age도 아무런 직접적인 연관을 갖고 있지 않다. I는 I이고, bear는 bear이고, age는 age이다.

한국인이 나를 난 것으로 말하는 것과 달리 영국인은 나를 나아진 것, 곧 be born으로 말한다. 영국인에게 나는 스스로 난 존재가 아니라 누군가가 낳은 존재이다. bear는 '견디다to endure'의 뜻을 지니고 있는데, be born

은 견디는 과정을 거쳐서 낳아진 것을 말한다. 이는 기독교에서 천지만물을 모두 하느님에 의해서 '지어진be created 존재'로서 말하는 것과 비슷하다.

중국인과 나

중국인은 나를 '我', '吾' 따위로 말한다. 我는 손[扌]에 창[戈]을 잡고서 나를 지키고 있는 모습 또는 톱니 모양의 날이 붙은 무기의 모습을 뜻하는 글자이고, 吾는 言과 뿌리를 같이하는 글자로서 사람이 입으로 남에게 말하는 모습을 뜻하는 글자이다. 이런 까닭에 나를 뜻하는 我나 吾는 나다를 뜻하는 生과 아무런 연관이 없다. 그런데 중국인이 '나다'를 뜻하는 生을 '난 것'의 뜻으로 쓰는 경우도 있다. 예컨대 선생先生, 학생學生, 시생侍生, 중생衆生에서 生은 '난 것'으로서 살아가는 임자를 뜻한다.

한국인이 나다와 내다와 낳다를 분명히 나누어서 쓰는 것과 다르게 중국인은 生을 나다, 내다, 낳다에 두루 쓴다. '생일生日'이라고 말할 때에 生은 나다를 뜻하고, '생기生氣[화를 내다]'라고 말할 때에 生은 내다를 뜻하고, '생자生子[자식을 낳다]'라고 말할 때에 생生은 낳다를 뜻한다. 중국인은 이러한 생生을 바탕으로 생명生命, 생식生殖, 생활生活, 생성生成, 생산生産과 같은 낱말을 만들어서 쓴다.

중국인은 한국말의 낳다와 비슷한 뜻을 가진 낱말로서 산産을 쓴다. 한국인은 산産을 '낳을 산'으로 새긴다. 그런데 한국말에서 낳다는 주로 어떤 것을 낳는 과정을 뜻하는 반면에 중국말에서 산産은 주로 낳은 것의 결과로써 있게 된 것을 뜻한다. 예컨대 생산生産은 생기어 낳아진 것을 말하고, 재산財産은 낳아진 것으로서 쓰임을 갖는 재물을 말한다.

한국인이 사람이 나서 이제까지 나 있는 것을 나이라고 말하는 것과 비슷하게 중국인도 일생一生, 생평生平, 평생平生, 생애生涯를 나이로 말하는 경우가 있다.

04. 저와 우리

한국인은 나를 두 가지로 나누어서 저 또는 우리라고 일컫는다. 저는 낱낱으로서 따로 하는 나를 말하고, 우리는 모두로서 함께하는 나를 말한다.

한국인은 어떤 때에는 나를 둘로 나누어서 저와 우리로서 갈라서 말하기도 하고, 어떤 때에는 저와 우리를 하나로 묶어서 나로서 어울러서 말하기도 한다. 이런 까닭에 한국인은 마누라를 놓고서 때에 따라서 '제 마누라', '우리 마누라', '내 마누라'라고 말한다.

한국인 가운데 어떤 이는 우리 마누라가 우리들의 마누라를 가리키는 것으로 보고, 나의 마누라를 우리 마누라라고 말하는 것이 틀렸다고 주장한다. 그들은 한국말의 우리를 영국말의 we와 같게 여겨서, 우리 마누라를 our wives로 풀이하기 때문에 그런 생각을 한다. 영국 말에서 our wives는 우리들의 마누라들로서 한국인이 말하는 나의 마누라가 아니다. 한국인이 말하는 우리 마누라는 my wife를 가리킨다. 한국말의 우리와 영국말의 we가 어떤 점에서 같고 다른지 제대로 살펴보지 않으면, 앞선 것처럼 이상한 주장을 펼치게 된다.

한국말에서 우리는 나와 남이 임자로서 함께하는 것을 말한다. 나와 남은 우리가 됨으로써 나와 남을 넘어서 하나의 모두를 이룬다. 그런데 한국인이 우리 마누라, 우리 가족, 우리 학교, 우리 이웃, 우리 나라, 우리 세상 따위로 말하는 우리에는 몇 개의 갈래가 있다. 우리의 갈래를 살펴보면 다음과 같다.

첫째, 우리① : 따로 하는 우리

한국인은 나와 남이 저마다 따로 하는 바탕 위에, 어떤 뜻도 같이하지 않은 상태에서 그냥 함께하고 있는 우리를 말하는 경우가 있다. 예컨대 한국인이 '우리 고장', '우리 세상'이라고 말할 때, 우리는 아무런 뜻도 같이하지 않은 상태에서 나와 남이 시간과 장소를 함께하는 정도로 매우 느슨하게 엮여 있다. 이러한 우리는 같은 고장이나 같은 세상을 바탕으로 우리를 이루고 있지만, 뜻에서는 저마다 따로 하는 남남의 상태를 크게 벗어나지 못한다.

둘째, 우리② : 같이하는 우리

한국인은 나와 남이 저마다 따로 하는 바탕 위에, 어떤 뜻을 같이하는 상태로서 함께하고 있는 우리를 말하는 경우가 있다. 예컨대 한국인이 '우리 사회', '우리나라'라고 말할 때, 우리는 나와 남이 사회적으로 또는 국가적으로 뜻을 같이하는 관계로 묶여 있다. 이러한 우리에서 나와 남은 뜻을 같이하는 만큼 책임을 지는 동시에 권리를 갖는다. 나와 남은 주어진 책임을 지지 않거나, 권리가 아닌 것을 가지려고 하면 비난이나 처벌을 받는다.

셋째, 우리③ : 닫힌 우리

한국인은 나와 남이 이쪽과 저쪽으로 함께 어울려서 하나된 모두를 이루고 있는 우리를 말하는 경우가 있다. 예컨대 한국인이 '우리 남편', '우리 가족'이라고 말할 때, 우리는 나와 남이 저마다 따로 하는 것을 넘어서 이쪽과 저쪽으로 함께 어울려 있는 것으로서, 하나된 모두를 이루고 있다. 이러한 우리에서 나와 남은 모든 것을 우리라는 바탕 위에서 하게 된다. 나와 남은 책임을 지는 일과 권리를 갖는 일을 우리로서 모두 함께한다. 나와 남이 우리로서 모두 함께하기 때문에 상황에 따라서 이쪽 또는 저쪽이 더할 수도 있고, 덜할 수도 있다. 이러한 우리에서 나와 남은 우리를 위해서 하지 않을 때 비난이나 처벌을 받는다.

우리③이 가리키는 우리는 나와 남이 오로지 우리끼리만 함께하는 닫힌 우리를 말한다. 남편과 아내가 오로지 우리끼리 하는 까닭에 서로 '우리 남편', '우리 아내'라고 부를 수 있다. 이러한 우리는 안으로 닫혀 있는 까닭에 우리의 밖에 있는 남을 단순한 대상으로 여기기 쉽다. 예컨대 한국인이 '우리 자식만을 위해서', '우리 가족만을 위해서', '우리 회사만을 위해서' 남을 생각하지 않고 저들끼리만 하고자 하는 것은 우리③에서 볼 수 있는 닫힌 우리이다.

넷째, 우리④ : 열린 우리

한국인은 나와 남이 이쪽과 저쪽으로 함께 어울려서 하나의 모두를 이룬 가운데 우리의 밖에 남아 있는 나

머지 것들과 다시 함께하려고 하는 우리를 말하는 경우
가 있다. 예컨대 한국인이 '모든 우리', '우리 모두 다
함께'라고 말할 때, 우리는 나와 남이 우리로서 함께 하
나로 어울리는 것에 머물지 않고 우리의 밖에 있는 나
머지 것들과 다시 함께 어울리는 것을 말한다. 이러한
우리는 동심원을 그리면서 계속 밖으로 커져 나가는 열
린 우리이다. 열린 우리에서 나와 남은 우리의 안에 있
는 것을 고루고루 하고, 우리의 밖에 있는 것을 두루두
루 하려고 한다. 열린 우리는 고루고루와 두루두루를
통해서 우주의 끝까지 뻗어나갈 수도 있다.

한국인은 저마다 따로 하는 나와 남이 함께 어울려
하나의 우리를 이루어 살아가는 것을 당연하게 여긴다.
이 때문에 한국인은 모든 것을 하나인 우리에 담아서
우리 마누라, 우리 남편, 우리 자식, 우리 가족, 우리 학
교, 우리 고장, 우리 회사, 우리나라, 우리 세상이라고
말한다.

나와 남이 함께 어울려 하나의 우리를 만드는 까닭에
나와 남이 달라지면 우리 또한 달라진다. 한국인은 달
라지는 우리에 맞추어 나와 남의 지위를 끊임없이 바꾸

어 나간다. 이 때문에 한국인은 내가 그에게 말한 것을 두고서도 우리를 이루고 있는 임자의 지위에 따라서 말을 달리한다. 예컨대 한국인은 '나는 그에게 말했다', '나는 그분께 말했다', '나는 그분께 말씀을 드렸다', '제가 그분께 말씀을 드렸다', '제가 그분께 말씀을 올렸다.' 따위로 말을 달리한다.

한국인은 어울림에 바탕을 둔 우리 속에서 나와 남의 지위를 계속 바꾸어 가기 때문에 나를 고정된 것이 아니라 유동적인 것으로 본다. 이 때문에 한국인에게 나는 끊임없이 일어나는 존재로서 매우 역동적이다. 한국인은 이러한 역동성이 줄게 되면 처지고 가라앉아 우울에 빠진다.

한국인은 나와 남이 우리를 이루고 있을 때, 내가 남을 나보다 더 살뜰하게 여길 때, 남을 님으로 높여서 부른다. 한국인이 부모님, 형님, 아우님, 아주버님, 아주머님, 도련님, 선생님, 사장님, 회장님 따위로 부르는 님이 바로 그것이다.

내가 남을 님으로 끌어 올려서 우리로서 함께 어울리게 되면, 나는 님이 갖고 있는 고움과 미움을 함께 받아들여야 한다. 나는 고운 것과 미운 것을 함께 정으로 받아들임으로써 님을 기리고 받들 수 있다. 이것이 바로 고운정과 미운정이다. 나에게 님은 좋아도 님이고 나빠도 님이며, 즐거워도 님이고 괴로워도 님이다. 김소월은 이러한 님을 〈진달래꽃〉에서 '나 보기가 역겨워 가실 때에는, 말없이 고이 보내 드리우리다. 영변에 약산 진달래꽃, 아름 따다 가실 길에 뿌리오리다. 가시는 걸음걸음 놓인 그 꽃을, 사뿐이 즈려밟고 가시옵소서. 나 보기가 역겨워 가실 때에는, 죽어도 아니 눈물 흘리오리다'라고 읊고 있다. 내가 님을 기리고 받들어 우리로서 함께 어울리는 일은 나를 더욱 큰 나로 만들어 나가는 지름길이다.

영국인과 우리

영국인은 저마다 따로 하는 낱낱의 나를 매우 중요하게 여긴다. 영국인은 저마다 따로 하는 셀프self나 에고ego에 바탕을 둔 개인주의Individualism를 터전으로 삼아 낱낱의 나를 실현하려고 한다. 영국인은 저마다 따로 하는 낱낱의 나가 이루고자 하는 것을 최대한으로 이룰 수 있도록 자유freedom, 평등equality, 권리right, 의무duty 따위를 엄격히 규정하려고 한다.

영국인은 필요가 있을 때에만 저마다 따로 하는 낱낱의 나를 하나의 모두로 만들려고 한다. 이들은 저마다 따로 하는 낱낱의 나를 하나의 모두로 묶기 위한 필요와 방법을 명확히 해야 한다. 영국인은 이러한 것을 자유, 계약, 권리, 책임, 의무 따위로 분명히 하려고 한다.

영국인이 저마다 따로 하는 낱낱의 나를 나의 바탕으로 삼는 까닭에 일인칭 대명사인 I의 복수형으로서 말하는 we는 나와 같은 것으로 이루어진 나들을 뜻한다. 이런 까닭에 영국인이 말하는 we는 한국인이 말하는 우리①과 우리②에 가깝다.

영국인이 'We had a copious rainfall this summer[올해 여름에는 비가 많았다]'라고 말할 때 we는 그냥 함께하는 우리로서 우리①에 가깝다. 영국인이 'We are brothers of same blood[우리는 핏줄을 나눈 형제이다]', 'We should take more care of our historic buildings[우리는 우리의 역사적 건물을 더욱 잘 보살펴야 한다]'라고 말할 때 we는 뜻을 함께하는 우리로서 우리②에 가깝다. 영국인이 'We are brothers of same blood'라고 말할 때에도 we는 저마다 따로 하는 형제들이 하나의 핏줄임을 말한다. I의 복수형인 we, be 의 복수형인 are, brother의 복수형인 brothers가 그것을 말해주고 있다.

영국인이 아무리 개인주의를 중요하게 여긴다 하더라도, 실제 삶에서는 한국인이 말하는 우리③과 우리④가 있을 수밖에 없다. 사람이 함께 어울려 살아가는 일은 어디서건 비슷한 바탕에서 이루어지기 때문이다. 이런 경우에 영국인은 우리③과 우리④를 우리②에 담아서 포괄적으로 말한다. 이런 까닭에 we는 매우 넓은 뜻을 담고 있어서 문장을 잘 따져봐야 뜻을 잘 알 수 있다.

중국인과 우리

중국인은 저마다 따로 하는 낱낱의 나를 매우 중요하게 생각한다. 중국인은 낱낱의 나를 확실하게 지키려고 한다. 중국인이 낱낱의 나를 서로 잘 지킬 수 있도록 하는 수단이 예禮, 예의禮義, 예의禮儀, 예절禮節 따위이다. 반면에 한국인은 나와 남이 가까워지면 예의나 예절을 넘어서 허물이 없는 상태로 나아가려고 한다.

중국인은 저마다 따로 하는 낱낱의 나를 그대로 두면 다툼과 싸움이 일어난다고 생각하여 반드시 하나의 모두를 만들려고 한다. 저마다 따로 하는 낱낱의 나를 한 개의 모두로 만들기 위해서 음양陰陽, 태극太極, 동포同胞, 대동大同, 천하天下 따위를 강조하는 것이 중국인의 집단주의이다. 중국인은 오랫동안 하늘 아래에 있는 모든 것을 하나로 묶는 사람을 뜻하는 천자天子를 받들어 왔다. 천자는 하늘의 아들로서 정치와 교화를 통해서 세상을 하나로 만드는 구실을 한다.

중국인의 집단주의는 내가 남을 나에게 담아서 나와 남을 나처럼 만드는 것을 말한다. 이런 까닭에 그들은 세상의 모든 것을 我[나]에 담아서 我妻[내 처], 我家[내 집], 我學校[내 학교], 我公司[내 회사], 我國[내 나라], 我世界[내 세상] 따위로 말한다. 중국인은 영국인이 we에 담아서 말하는 것조차 我에 담아서 말하려고 한다.

중국인은 세상의 모든 사람을 나와 같게 만들어서 나를 벗어나지 못하게 하려는 욕망이 매우 강하다. 중국인이 말하는 중심中心, 중화中和, 중용中庸, 중화中華, 중국中國, 천하天下, 천자天子, 일통一統, 대동大同, 물아일체物我

一體와 같은 것은 모두 이러한 욕망을 바탕에 깔고 있다. 이러한 욕망에 기대어 중국인은 세계에서 가장 오래되고 가장 강력한 제국을 이루어 왔다.

중국인은 세상의 모든 사람을 나와 같게 만들기 위해서 먼저 몸과 마음을 갈고닦아서 나를 좋은 사람으로 만들어야 한다고 보았다. 내가 좋은 사람이 되어야, 나와 같아진 사람들도 좋은 사람이 될 수 있다고 보았다. 내가 나쁜 사람인 경우에는 나와 같아진 사람들도 나쁜 사람이 된다. 이런 까닭에 중국인은 나의 몸과 마음을 갈고닦는 일을 매우 강조해 왔다. 이러한 바탕에서 나온 것이 바로 '나를 닦아서 남을 평안케 하는 일〔修己以安人〕'이나, '나를 닦아서 남을 다스리는 일〔修己治人〕'이나 '나를 닦아서 가정을 다스리고 나라를 다스리고 천하를 평안하게 하는 일〔修身齊家治國平天下〕'이다.

중국인이 말하는 我們은 나와 같은 것들로 이루어진 나들을 뜻한다. 我們은 나와 같은 사람이기는 하지만, 아직 나와 함께 하나가 되지 못한 상태에 있는 사람을 말한다. 이 때문에 중국인이 말하는 我們은 한국인이 말하는 그냥 함께하는 사람으로서 우리①에 가깝다.

05. '나'와 '나다'

한국인은 낱낱의 존재를 나는[生] 것으로 말할 뿐만 아니라, 존재가 나는 바탕인 시간과 공간 또한 나는 것으로 말한다. 한국인은 낱낱의 존재가 나기 위해서 시간인 때가 나야 하고, 공간인 틈이 나야 한다고 생각한다.15) 어떤 존재이든 나기 위해서는 바탕인 때와 틈이 함께 나 있어야 한다.

한국인은 존재가 일어나서 모습을 드러내는 것을 '~에서 ~이 나다'는 말에 담아낸다. 예컨대 한국인은 존재가 일어나서 모습을 드러내는 것을 '~에서 맛이 나다', '~에서 빛이 나다', '~에서 소리가 나다', '~에서

---

15) 한국인은 때에 초점을 맞추면 '때때로 공부한다'고 말하고, 틈에 초점을 맞추면 '틈틈이 공부한다'고 말한다.

냄새가 나다', '~에서 불이 나다', '~에서 물이 나다', '~에서 바람이 나다', '~에서 싹이 나다'와 같이 말한다.

존재는 맛, 빛, 소리, 냄새, 불, 물, 바람, 싹과 같은 것으로서 모습을 드러내지만 누구나 존재를 볼 수 있는 것은 아니다. 존재의 모습을 보는 것은 그것을 볼 수 있는 힘을 가져야만 이루어질 수 있다. 예컨대 장님은 어떤 존재가 빛으로 모습을 드러내더라도 그것을 바라볼 수가 없고, 귀머거리는 어떤 존재가 소리로 모습을 드러내더라도 그것을 들어볼 수가 없다.[16]

한국인이 '~이/가 나다'에 담아내는 존재의 드러남은 매우 근원적인 것이다. 존재는 때, 맛, 빛, 소리, 냄새, 틈, 불, 물, 바람, 싹, 길, 멋, 말로써 드러나 다른 것과 함께 어울려 끊임없이 일어남으로써 존재다운 것으로 나아갈 수 있다.

한국인이 '~이/가 나다'에 담아내는 존재의 드러남은 생명을 가진 존재의 드러남에 초점이 모아져 있다. 사람이 태어나서 살아가는 일이 다른 뭇 생명과 함께 어

---

16) 귀머거리는 소리를 귀로 들어볼 수는 없지만 몸으로 느껴볼 수는 있다.

울리는 일을 바탕으로 이루어지기 때문이다.[17] 이런 까닭에 존재가 불, 열, 싹, 내, 맛, 멋, 말 따위로 드러나는 것은 생명의 드러남과 깊이 연관되어 있다.

한국인이 '~이/가 나다'로써 생명의 드러남을 말할 때, 이것의 바탕은 해가 빛과 불로써 나고 지는 것에 있다. 모든 생명은 해가 빛과 불로써 나고 지는 것에 기대어서 나고 지는 일을 이어나간다. 한국인은 해가 나고 지는 일을 온전히 이룬 것을 날이라고 부른다. '날 일日', '나 일日'로 새기는 날이 바로 그것으로서 하루를 뜻한다.[18] 날과 날이 쌓여서 해가 되고, 해와 해가 쌓여서 뉘가 된다. 시간의 뉘가 겹겹이 쌓여 가는 것을 좇

---

17) 한국인이 몸과 마음으로 마주하는 세상은 생명으로 덮여 있는 땅덩어리인 지구라는 것을 생각할 필요가 있다.

18) 한국인은 한자 낱말인 '일日'을 '날/나 일日'로 새기고, '세歲'와 '년年'을 '해 세'와 '해 년'으로 새겨 왔다. 日로서 날은 해가 나서 지고 다시 나는 일을 되풀이 하는 것 가운데 하나를 뜻하고, 歲 나 年으로서 해는 365개의 날이 쌓여서 다시 이루는 일을 되풀 이하는 것 가운데 하나를 뜻한다. 한국인은 날이 쌓여서 하나의 달을 이루고, 달이 쌓여서 하나의 철을 이루고, 철이 쌓여서 하나의 해를 이루는 것으로 본다. 한국인은 날과 달과 철을 품고 있는 온전한 해를 살이라고 말한다. 생명은 해의 힘에 기대어서 나이인 살을 먹어간다. 해는 본디 ㅎ+ㅣ, 곧 '하는 이' 또는 '하 게 하는 이'로서 모든 것이 일어나게 하는 바탕과 같다.

58

아서 생명의 뉘가 겹겹이 쌓여 간다.

한국인은 난 것으로서 이제까지 나 있는 나의 몸과 마음을 이루고 있는 것들 또한 난 것으로 본다. 예컨대 한국인은 나의 몸과 마음을 바탕으로 '나는 피가 난다', '나는 열이 난다', '나는 땀이 난다', '나는 기침이 난다', '나는 신이 난다', '나는 성이 난다', '나는 샘이 난다' 따위로 말한다.

나는 세상에 나올 때 이미 몸에 눈, 귀, 입, 머리, 손, 발, 몸통 따위를 갖추고서 나온다. 나는 몸을 이루고 있는 눈, 귀, 입, 머리, 손, 발, 몸통 따위가 자라나는 것과 함께 어른의 몸으로 커 나간다. 내가 어른이 되면 눈, 귀, 입, 머리, 손, 발, 몸통 따위는 죽음에 이를 때까지 이어진다. 이들을 이루고 있는 세포들은 끊임없이 오래된 것에서 새로 난 것으로 바뀌어 나간다.

몸에서 이빨이나 수염과 같은 것은 내가 세상에 태어나 살아가는 과정에 나기 시작한다. 머리털과 같은 것은 새것이 나고 헌것이 빠지는 일을 거듭하면서 계속 이어지고, 손톱이나 발톱과 같은 것은 옛것을 이어서 새것이 나오면서 계속 이어진다. 그런데 손톱이나 발톱이 아주 빠져 버리면 다시 새것이 돋아난다.

내가 처음에 몸으로 만들어질 때, 그 속에 마음의 씨 앗이 담겨 있어서 몸과 함께 마음도 자라나면서 지각하 는 마음과 생각하는 마음을 차례로 갖추게 된다. 나는 말을 바탕으로 생각의 세계를 끝없이 펼쳐나감으로써 온갖 지식과 기술과 지혜를 배우고, 익히고, 기르고, 쓸 수 있는 사람으로 자라나게 된다.

나의 몸과 마음에서 나는 것을 바탕으로 내가 어떠한 방식으로 나고 있는지 살펴보면 다음과 같다.

몸에서 나는 것

첫째, 나는 몸에서 이가 나고, 털이 나고, 살이 나고, 손톱이 나고, 발톱이 나는 임자로서 살아간다.

둘째, 나는 몸에서 불이 나고, 열이 나고, 땀이 나고, 눈물이 나고, 콧물이 나고, 입김이 나고, 피가 나고, 고 름이 나고, 진물이 나는 임자로서 살아간다.

셋째, 나는 몸에서 하품이 나고, 딸꾹질이 나고, 재채 기가 나고, 기침이 나고, 방귀가 나는 임자로서 살아간다.

넷째, 나는 몸에서 여드름이 나고, 부스럼이 나고, 두 드러기가 나고, 종기가 나고, 상처가 나는 임자로서 살아간다.

마음에서 나는 것

첫째, 나는 마음에서 정신이 나고, 지각이 나고, 생각이 나고, 철이 나고, 혼이 나고, 기억이 나는 임자로서 살아간다.

둘째, 나는 마음에서 호기심이 나고, 궁금증이 나고, 탐구심이 나고, 시기심이 나고, 질투심이 나는 임자로서 살아간다.

셋째, 나는 마음에서 뜻이 나고, 꾀가 나고, 탐이 나고, 샘이 나고, 욕심이 나고, 심통이 나고, 심술이 나는 임자로서 살아간다.

마음과 몸에서 나는 것

첫째, 나는 몸과 마음에서 맛이 나고, 힘이 나고, 기운이 나고, 생기가 나고, 용기가 나는 임자로서 살아간다.

둘째, 나는 몸과 마음에서 바람이 나고, 신바람이 나고, 흥미가 나고, 재미가 나고, 살맛이 나는 임자로서 살아간다.

셋째, 나는 몸과 마음에서 싫증이 나고, 짜증이 나고, 신물이 나고, 염증이 나고, 죽을 맛이 나는 임자로서 살아간다.

넷째, 나는 몸과 마음에서 화가 나고, 골이 나고, 성이 나고, 불이 나고, 열불이 나고, 성화가 나고, 울화가 나고, 부아가 나는 임자로서 살아간다.

다섯째, 나는 몸과 마음에서 갖가지로 일이 나고, 탈이 나고, 덧이 나고, 병이 나는 임자로서 살아간다.

이처럼 사람이 난 것으로서 삶을 살아가는 일은 끊임없이 나는 일로써 이루어진다.

몸이나 마음에서 나는 것 가운데서 사람이 뜻에 따라 낼 수 있는 것은 한정되어 있다. 몸에서 나는 것 가운데서 사람이 뜻에 따라 낼 수 있는 것은 땀, 눈물, 피와 같은 것 따위이다. 마음에서 나는 것 가운데서 사람이 뜻에 따라 낼 수 있는 것은 뜻, 꾀, 탐, 샘, 욕심, 심술 따위이다.

사람은 뜻, 꾀, 탐, 샘, 욕심, 심술 따위를 낼 수 있기 때문에 몸과 마음을 함께 어울러서 여러 가지 것들을 낼 수 있다. 사람은 몸과 마음에서 힘, 기운, 용기, 지혜, 바람, 싫증, 짜증, 신물, 염증, 성, 화, 골, 열불 따위를 낸다. 사람은 이러한 것을 바탕으로 온갖 것들을 만들고 부리고 쓸 수 있게 된다.

사람은 몸과 마음에서 낼 수 있는 힘을 바탕으로 온 갖 것들을 만들어 낼 수 있다. 사람은 말로써 마음에 갖가지 생각들, 곧 나비, 벌, 개, 돼지, 가다, 오다, 살다, 죽다, 힘, 인력, 척력, 중력, 좋음, 싫음, 맞음, 틀림, 옳음, 그름, 바름, 굽음, 끝이 있음, 끝이 없음, 전생, 내생, 천당, 지옥과 같은 것을 만들어 낼 수 있다. 그리고 이러한 생각을 바탕으로 물질을 다루어서 옷, 그릇, 가옥, 도로, 자동차, 비행기, 전화, 인터넷과 같은 물건을 만들어낼 수 있다.

사람은 끝없이 뻗어 나가는 생각을 바탕으로 온갖 재주를 기르고 쓸 수 있게 되면서 마음만 먹으면 무엇이든 만들 수 있는 강력한 힘을 가지게 되었고, 보이는 것을 넘어서 보이지 않는 것이나 볼 수 없는 것까지 만들어 맛을 볼 수 있게 되었다. 사람은 이러한 것을 끝없이 넓혀서 모든 것을 다할 수 있는 하느님이라는 존재를 만들어 맛을 볼 수 있게 되었다.

한국인은 중국에서 한문을 가져다 쓰면서 생生을 '날 생生', 출出을 '날 출出'로 새긴 가운데 생生과 출出에 바탕을 둔 많은 낱말들을 써 왔다. 예컨대 한국인은 출생出生, 발생發生, 생산生産, 생일生日, 생명生命, 생활生活, 평생平生, 고생苦生, 선생先生, 후생後生, 출산出産, 산출産出, 출입出入, 출발出發, 출두出頭, 출신出身, 출연出演, 출중出衆, 출장出場, 출전出戰, 출세出世, 출구出口, 출판出版, 출품出品, 출고出庫, 출국出國과 같은 낱말을 일상적으로 쓰고 있다.

한국인은 중국인이 쓰지 않는 한자 낱말을 스스로 만들어 쓰는 경우도 많다. 예컨대 생선生鮮, 고생苦生, 생고생生苦生, 생과부生寡婦, 생매장生埋葬, 생生머리, 생生나무, 생生사람, 생이별生離別, 생방송生放送, 생중계生中繼, 생生트집, 생生때, 생生돈, 생생生生히, 생생生生하다와 같은 낱말은 중국인이 쓰지 않는 것들이다. 또한 한국인은 '나다'와 생生을 합쳐서 난생이라는 말을 쓴다. 예컨대 '난생 처음으로 코끼리를 보았다'라고 말할 때, 난생이 그것이다. 난생은 '나고 나서', '난 뒤로'와 같은 뜻이다.

한국인은 '나다', '낳다', '내다'를 바탕으로 일구어놓은 여러 가지 낱말들과 중국인이 생生과 출出을 바탕으로 일구어 놓은 낱말들을 가져다가 어울러 쓴다. 이런 까닭에 한국인은 중국인이 생生과 출出을 바탕으로 쓰고 있는 낱말들의 뜻을 대충 알아볼 수 있다. 반면에 중국인은 한국인이 나다, 낳다, 내다를 바탕으로 만들어 놓은 낱말들을 가져다 쓰지 않는다. 이 때문에 중국인은 한국인이 나다, 낳다, 내다를 바탕으로 쓰고 있는 낱말들의 뜻을 전혀 알아보지 못한다.

한국인이 '나다', '낳다', '내다', '날 생生', '날 출出'을 바탕으로 '나', '남', '낱', '낱낱', '나이' 따위를 풀어내는 뜻의 짜임새는 이루 헤아릴 수 없이 넓고 깊다. 이러한 것을 바탕으로 한국인은 나를 나답게, 사람을 사람답게 하는 일에 대한 꿈을 키우고 이룬다.

욕심과 다스림

내가 목숨을 다할 때까지 나의 몸과 마음에서는 끊임없이 힘, 김, 땀, 화, 성, 불, 병, 욕심, 심술 따위가 나고 또 난다. 그리고 나의 밖에 있는 모든 것들도 끊임없이 함께 일어나고 있다.

나는 안팎에서 끊임없이 일어나고 있는 온갖 것들로 부대끼고, 들볶이고, 휘둘리는 상태에 있다. 나는 욕심을 바탕으로 안팎에서 일어나고 있는 갖가지 것들을 대상으로 다룸으로써 부대끼고, 들볶이고, 휘둘리는 상태를 넘어서 스스로 뜻을 펼치는 상태로 나아가고자 한다. 예컨대 나는 마음에서 생겨나는 욕심을 좇아서, 안팎에서 일어나고 있는 힘, 김, 땀, 성, 병, 풀, 나무, 바람, 물, 산, 강 따위를 대상으로 다룸으로써 나의 뜻을 밖으로 펼치고자 한다.

욕심은 나의 안에 자리하고 있는 '하고자 하는 마음', '하고 싶은 마음'을 말하며, 대상을 이렇게 또는 저렇게 다루고자 하는 뜻으로 드러난다. 사람이 살아가는 일은 대상에 대한 욕심을 이루어 가는 일을 바탕으로 이루어진다. 이런 까닭에 살아가면서 욕심을 갖지 않는 사람은 없다. 사람에 따라서 욕심의 대상, 정도, 범위 따위가 다를 수 있을 뿐이다.

한국인은 욕심을 '나는 것', '내는 것', '채우는 것', '부리는 것', '차리는 것', '있는 것', '없는 것', '가지는 것', '버리는 것', '키우는 것', '줄이는 것' 따위로 말한다.

욕심 가운데서 어떤 것은 안에서 저절로 생겨난다. 예컨대 식욕, 수면욕, 소유욕, 성욕, 성취욕과 같은 것은 안에서 절로 생겨난다. 이와 달리 어떤 욕심은 밖에서 일깨워야 생겨난다. 예컨대 모든 일에서 첫째가 되고 싶은 욕심은 밖에서 일깨워야 생겨난다. 모든 일에서 첫째가 되기란 너무나 어렵기 때문에 누군가 밖에서 강하게 일깨우지 않으면 그런 욕심을 가지려 하지 않는다.

한국인은 어떤 것에 대해서 하고자 하는 뜻이 일어나 있는 상태를 두고서 '욕심이 있다'고 말하고, 하고자 하는 뜻이 일어나 있지 않은 상태를 두고서 '욕심이 없다'고 말한다. 욕심은 하고자 하는 뜻에 달려 있기 때문에 욕심이 있다가 없을 수도 있고, 없다가 있을 수도 있다.

욕심은 임자가 대상에서 느끼는 맛에서 비롯한다. 임자가 대상에서 느끼는 맛이 강하면 그것을 갖거나 버리기 위해서, 하고자 하는 뜻이 일어남으로써 욕심이 있는 상태가 된다.[19] 반대로 맛이 약하거나 없으면 하고자 하는 뜻이 일어나지 않아서 욕심이 없는 상태가 된다. 따라서 임자는 대상에서 느끼는 맛을 크게 하거나 작게 함으로써 욕심이 생겨나는 바탕을 바꿀 수 있다.

사람은 대상에서 느끼는 맛을 갖거나 버리는 과정,

---

19) 이두에서는 '하는 뜻'을 '爲乎味'라고 적고 '하온 맛'으로 읽었다. 한국말에서 뜻과 맛이 본디 같은 뿌리를 갖고 있음을 뜻한다.

곧 욕심을 채우는 일을 통해서 스스로 임자로서 구실하게 된다. 이는 사람이 욕심을 채우는 일을 통해서 임자로서 구실하는 맛을 알게 됨을 말한다. 이로써 욕심을 채우는 일은 대상에서 비롯하는 맛과 임자로서 구실하는 맛을 아울러 갖게 된다. 사람이 임자로서 구실하는 맛에 빠져들게 되면, 임자로서 구실하는 맛을 위해서 대상에서 비롯하는 맛을 억지로 만들어서 욕심을 채우는 일까지 하게 된다.[20]

사람이 욕심을 채우는 과정을 통해서 임자로 구실하는 까닭에 욕심은 나를 나답게 만드는 원동력이다. 내가 아무런 욕심도 갖고 있지 않다면, 나를 나답게 하는 일은 이루어질 수가 없다. 이런 까닭에 사람은 대상을 다루는 임자가 되기 위해서 또는 임자가 되고 싶어서 끊임없이 욕심을 채우려고 한다. 사람은 마음에 더욱 많은 욕심을 채우려고 갖은 욕심을 부린다. 마음에 욕심을 채우려는 뜻이 강하면 강할수록 욕심을 부리는 일 또한 더욱 많아진다.

---

[20] 임자로서 구실하는 맛을 느끼기 위해서 필요하지도 않은 물건을 훔치거나 관계도 없는 사람을 죽이는 일이 일어나기도 한다.

한국인은 욕심이 나는 것을 채우기 위해서 뜻을 세우는 것을 '~에 욕심을 내다'라고 말한다. 예컨대 사람은 밥, 집, 옷, 사람, 돈, 일, 명예와 같은 온갖 것들에 욕심을 낸다. 그리고 어떤 것에 욕심을 내게 되면, 그것을 채우기 위해서 여러 가지로 일을 꾸미게 된다. 욕심을 내는 것이 커지면 커질수록 욕심을 채우려고 일을 꾸미는 것 또한 더욱 커진다.

마음은 욕심이 나는 곳이면서 욕심이 차 있는 곳이다. 사람은 마음에서 나고 차는 욕심에 따라서 다르게 살아간다. 사람은 어떠한 욕심을 가지느냐에 따라서 어질게 또는 모질게 살아가고, 바르게 또는 그르게 살아간다. 이런 까닭에 사람이 사람답게 살아가려면 욕심이 나고 차는 바탕인 마음을 갈고닦아야 한다. 마음을 갈고닦는 일은 마음에 나고 차는 욕심을 추스르고 가다듬는 일을 말한다. 욕심을 추스르고 가다듬기 위해서는 때때로 마음을 비울 수 있어야 한다. 마음을 비움으로써 욕심을 맑고 밝게 만들 수 있다.

사람은 안팎에서 일어나는 것들을 그냥 그대로 두는 것이 아니라, 욕심의 임자로서 그것을 차례로 다스려

나가야 한다. 그래야 사람으로 태어나 살아가는 존재로
서 갖가지 일들을 주체할 수 있는 힘을 가질 수 있고,
이를 바탕으로 하고자 하는 뜻을 이루어 나갈 수 있다.
이 때문에 사람으로 태어나 살아가는 존재로서 내가 하
는 일은 갖가지로 일어나는 것을 다스려서 더욱 잘 일
어날 수 있도록 하는 일이다.

'다스리다'는 '다+ㅅ리다/다+술오다'에 뿌리를 둔 낱
말로서, '어떤 것을 불이나 물에 다 살라서 하나로 이루
게 하는 일'을 말한다. 사람이 몸과 마음을 다스리는 것
은 몸과 마음을 이루고 있는 낱낱의 것들을 다 살라서
하나의 나로 온전히 이룰 수 있도록 하는 것을 말한다.
이는 마치 여러 악기에서 나는 소리를 하나의 모두로서
온전하게 어울리게 하는 일과 같다.21)

사람이 나를 제대로 다스리기 위해서는 내가 갖고 있
는 다스림에 대한 욕심까지 다 살라서 하나를 이루게
해야 한다. 이로써 사람은 낱낱의 것을 넘어서 모두를

---

21) 국악에서는 조음調音을 '다스름'이라고 말한다. 다스름은 '다스
림'으로 소리가 바뀌었는데, 악기를 연주하기 전에 음률을 고르
게 맞추기 위하여 적당히 짧은 곡조를 연주하여 보는 일 또는
그런 악곡을 말한다.

어우른 아름다움으로 나아갈 수 있다. 사람은 이러한 아름다움을 바탕으로 나다움, 사람다움, 존재다움을 이룰 수 있다.

  사람은 내가 가진 본디의 자질을 다 이루어서 나다움의 길로 나아감으로써 모든 사람과 함께할 수 있는 사람다움의 길로 나아가게 된다. 그리고 모든 사람이 함께할 수 있는 사람다움의 길로 나아감으로써 모든 존재와 함께할 수 있는 존재다움의 길로 나아가게 된다. 이로써 나다움과 사람다움과 존재다움이 하나를 이루고 있는 아름다운 세상을 펼칠 수 있다.

06. 느낌과 앎

    사람은 고픔, 아픔, 막힘, 뚫림, 닿음, 맡음, 봄, 들음
과 같은 것이 있음을 느낀다. 사람은 이러한 느낌을 바
탕으로 그것이 있게 되는 까닭을 알아내어 앎으로서 갖
는다. 사람은 느낌과 앎을 기르고 씀으로써 먹고, 입고,
가지고, 버리고, 다루고, 만드는 일과 같은 것을 할 수
있다.

    한국말에서 '느끼다'의 옛말은 '늑기다', '늣기다'이다.
'늑기다/늣기다'는 '늑+기+다/늣+기+다'로 사람에게
사물이 늑도록 하는 것을 말한다. '늑다'라는 말을 쓰지
않기 때문에 늑도록 하는 것이 무엇인지 정확하게 알
수 없다. 생각건대 '늑다'는 징조나 빌미를 뜻하는 옛말
인 '늣'과 뿌리를 함께하는 것으로 볼 수 있다. 사람에

게 어떤 것이 느낌으로 다가오는 징조가 늦이다. 사람이 느끼는 일은 어떤 것에서 비롯하는 징조나 빌미가 사람에게 늘하게 되는 일을 말한다.

사람이 고픔, 아픔, 막힘, 뚫림, 닿음, 맡음, 봄, 들음과 같은 것이 있음을 느끼는 것은 두 가지로 나눌 수 있다. 하나는 몸의 안에 있는 것에서 비롯하는 느낌이고, 다른 하나는 몸의 밖에 있는 것을 만나는 것에서 비롯하는 느낌이다.

첫째, 사람은 몸의 안에서 비롯하는 고픔, 풀림, 막힘, 뚫림, 찌름, 쑤심, 멍함, 띵함과 같은 것이 있음을 느낀다. 이와 같은 느낌들을 좋은 것과 싫은 것, 기쁜 것과 슬픈 것, 괴로운 것과 즐거운 것 따위로 나누어서 가지거나 버리는 잣대로 삼는다.

둘째, 사람은 몸의 밖에 있는 것을 만남으로써 닿음, 맡음, 봄, 들음과 같은 것이 있음을 느낀다. 이와 같은 느낌들을 좋은 것과 싫은 것, 기쁜 것과 슬픈 것, 괴로운 것과 즐거운 것 따위로 나누어서 가지거나 버리는 잣대로 삼는다.

사람이 몸 안에서 비롯하는 것을 느끼는 일은 비교적

단순하게 이루어진다. 사람은 코로 맡아보거나, 눈으로 바라보거나, 귀로 들어보는 따위를 하기 어려운 상태에서 몸 안에서 비롯하는 것을 그저 느낄 뿐이다. 이 때문에 사람은 이러한 느낌이 비롯하는 까닭이나 대상을 앎으로서 알아차리기가 어렵다.

사람이 몸 밖에 있는 것을 만남으로써 비롯하는 것을 느끼는 일은 매우 복잡하게 이루어진다. 사람이 몸 밖에 있는 것들을 만나는 것은 종류도 다양할 뿐만 아니라, 그것이 섞여서 복합적으로 일어나는 일이 많기 때문이다. 예컨대 사람이 몸 밖에 있는 것을 만나서 느낌을 갖는 것은 살갗으로 거죽, 열기, 움직임, 굳세기 따위를 느끼는 것, 코로 냄새를 느끼는 것, 혀로 맛을 느끼는 것, 귀로 소리를 느끼는 것, 눈으로 빛깔과 모양을 느끼는 것 따위가 있다.

사람이 어떤 느낌을 갖게 되면, 느낌을 대상으로 삼아서 느낌이 있음을 알게 된다. 이때 느낌이라는 대상이 있음을 아는 것에 그치기 때문에 느낌이 비롯하는 바탕에 대해서는 알지 못한다. 사람은 느낌이라는 대상이 있음을 알게 됨으로써, 그러한 느낌이 비롯하는 바탕에 대한 앎을 만들어나간다.22) 사람이 일반적으로 앎이라고 말하는 것은 느낌이 비롯하는 바탕에 대한 앎을 말한다.

사람이 어떤 것을 아는 것은 그렇다고 여기는 일에 바탕을 두고 있다. 예컨대 사람은 있다 또는 없다고 여김으로써 있음과 없음에 대한 앎을 가질 수 있고, 어떤 것이 크다 또는 작다고 여김으로써 큰 것과 작은 것에 대한 앎을 가질 수 있다. 이런 까닭으로 사람이 어떤 것에 대해서 아는 것은 어떤 것을 있음과 없음, 큼과 작음 따위로 여기고 새기는 것을 말한다.

한국말에서 앎의 바탕을 이루는 '여기다'는 '녀기다/넉이다'에 뿌리를 두고 있다. 녀기다는 넋과 뿌리를 함께하고 있다. 넋은 녀김을 통해서 지각과 생각이 일어나도록 한다. 사람은 마음에 자리하고 있는 넋을 바탕으로 이것을 저것으로 녀기는 일을 함으로써 저것을 이것에 대한 앎으로서 새긴다. 사람이 어떤 것으로 넋이

---

22) 아기가 세상에 태어나면 어떤 것이 있음을 느끼는 단계에서 어떤 느낌이 있는 것을 아는 단계로 나아간다. 아기는 느낌이 비롯하는 대상에 대해서 알게 됨으로써 어떤 것을 대상으로서 느끼고 아는 일을 할 수 있게 된다.

나가버리면 그 밖의 것에 대한 녀김을 제대로 할 수가 없고, 사람이 넋을 잃어버리면 어떤 것에 대해서도 녀김을 제대로 할 수가 없다.

한국말에서 '알다'는 '알'과 뿌리를 같이하는 말이라고 할 수 있다. 알은 낱알, 씨알, 알짜, 알맹이 따위에서 볼 수 있듯이 낱으로 있는 어떤 것을 가리킨다. '알다'는 임자가 낱으로 있는 어떤 것을 대상으로 삼아서 그것의 겉이나 속을 알아차리는 것을 말한다. 사람이 녀김을 바탕으로 어떤 것을 알아차리는 것은 두 가지 단계를 밟아서 이루어진다.

첫째, 사람은 어떤 것이 겉과 속을 가진 하나의 알로서 자리하고 있음을 안다. 알은 겉과 속이 같을 수도 있고, 다를 수도 있다. 사람은 알을 보고, 듣고, 만지는 따위의 대상으로 마주하게 된다.[23]

둘째, 사람은 대상으로 마주하고 있는 알이 알맹이를 가지고 있는 알짜임을 안다. 사람은 알짜가 가지고 있

---

23) 한국인은 어떤 것이 겉과 속을 가진 하나의 알로서 자리하고 있는 것을 아름이라고 불렀다. 옛말에서 '사私'를 '아름 사'로 새길 때, 아름이 그것이다.

는 알맹이를 알아감으로써 대상에 대한 구체적인 앎을 갖게 된다. 만약 알이 속에 알맹이를 갖지 않은 경우에는 쭉정이에 지나지 않기 때문에 구체적인 앎을 가질 수 없다.

사람이 느낌이 비롯하는 바탕에 대한 앎을 만들어가는 것은 무엇이, 언제, 어디서, 왜, 어떻게 있게 되었는지에 대한 앎으로 드러난다. 예컨대 사람은 몸의 안에서 비롯하는 고픔이 있음을 느끼는 것을 바탕으로 '배가 고프다'는 느낌이 있음을 알게 되고, 이를 바탕으로 '아침에 집에서 밥을 먹지 않아서 오후에 배가 고프다'는 것을 알게 되고, 이를 바탕으로 '아침에 집에서 밥을 먹지 않아서 오후에 배가 고파서 일이 머리에 잘 들어오지 않았다'는 것을 알게 된다.

사람이 어떤 것을 안다는 것은 느낌이 비롯하는 바탕인 대상이 사람에게 가지는 뜻을 알아가는 것을 말한다. 예컨대 사람은 느낌이 비롯하는 바탕인 대상을 마주하여 알아보고, 알아듣고, 알아내고, 알아차리는 과정을 거침으로써 대상이 사람에게 가지는 뜻을 앎으로서 갖는다. 대상이 사람에게 가지는 뜻은 사람에 따라서 또는 시대에 따라서 또는 문화에 따라서 크게 다를 수 있다. 사람은 이러한 앎을 바탕으로 다른 것을 알아주거나 알 수 있게 된다.

사람이 어떤 느낌을 갖거나 버리고자 할 뜻이 없는 경우에는 느낌이 비롯하는 바탕인 대상을 알고자 하는 욕구 또한 생겨나지 않는다. 사람은 어떤 느낌을 갖거나 버리고자 할 뜻을 가지는 경우에만 대상에 대한 앎을 갖고자 한다. 예컨대 사람은 여러 가지 까닭들, 곧 지금과 같은 느낌을 이어가기 위해서, 지금보다 더욱 센 느낌을 갖기 위해서, 지금과 같은 느낌을 벗어나기 위해서, 지금과는 다른 느낌을 갖기 위해서 대상에 대한 앎을 갖고자 한다.

사람은 대상에 대한 앎을 바탕으로 대상을 다룰 수 있는 힘을 가짐으로써 어떤 느낌을 갖거나 버리는 일을 이루고자 한다. 이 때문에 사람이 대상을 뜻대로 다루고자 하는 욕망을 강하게 가지면 가질수록 대상에 대한 앎을 갖고자 하는 욕망 또한 강해지게 된다.[24]

---

24) 앎에 대한 사랑으로 번역되는 philosophy는 그리스인이 갖고 있는 대상에 대한 욕망과 깊이 연관되어 있다. 대상에 대한 욕망은

사람이 느낌의 바탕에 대해서 알아가는 것은 크게 두 가지이다. 하나는 나의 밖에 있는 어떤 것에 대해서 알아가는 것이고, 다른 하나는 내 안에 있는 어떤 것에 대해서 알아가는 것이다.

사람이 느낌의 바탕에 대해서 알아가는 것은 몸의 밖에 있는 어떤 것을 아는 것으로부터 시작한다. 예컨대 갓난아기는 살갗, 혀, 코, 귀, 눈으로써 몸의 밖에 있는 어떤 것에 대해서 알아간다. 반면에 사람이 몸의 안에 있는 어떤 것에 대해서 알아가는 일은 매우 어렵다. 사람이 몸 안에 있는 것을 대상으로 삼아서 볼 수 있는 방법이 적기 때문이다.

사람이 대상을 아는 것은 크게 두 가지이다. 하나는 사람이 내가 아닌 다른 대상을 아는 것이고, 다른 하나는 나라는 대상을 아는 것이다.

첫째, 나는 나의 밖에 있는 다른 대상에 대해서 안다.

사람이 대상을 부리고자 하는 뜻을 담고 있다. 고대 그리스인은 대상을 부리고자 하는 욕망을 신화로 펼쳐 놓았다. 그리스 신화에 나오는 신들은 대상을 부리는 존재들이다. 고대 그리스인이 liberal arts라고 말하는 것은 대상을 자유롭게 부릴 수 있는 재주 또는 학문을 가리킨다.

내가 나의 밖에 있는 다른 대상을 아는 것은 다른 것을 만나보는 방식을 통해서 이루어진다.

둘째, 나는 나라는 대상에 대해서 안다. 내가 나라는 대상을 아는 것은 나를 만나보는 방식을 통해서 이루어진다.

나는 나의 밖에 있는 다른 대상에 대해서 잘 알아야 할 뿐 아니라, 나라는 대상에 대해서도 잘 알아야 한다.

내가 나의 밖에 있는 다른 대상에 대해서 아는 것은 나라는 대상을 알아가는 바탕을 이루고 있다. 예컨대 책상을 들어봄으로써 책상을 들 수 있는 나와 들 수 없는 나와 들지 않는 나를 안다. 또한 여행을 감으로써 여행을 가는 나와 여행을 가지 못하는 나와 여행을 가지 않는 나를 안다.

내가 남을 좋아하고 싫어하는 일을 통해서 남을 좋아하는 나와 남을 싫어하는 나를 안다. 또한 남이 나를 좋아하고 싫어하는 일을 통해서 나는 남이 좋아하는 나와 남이 싫어하는 나를 안다.

07. 쉬다

사람이 어머니의 뱃속에서 세상에 나와서 가장 먼저 하는 일은 코로 숨을 쉬는 일이다. 사람은 코로 숨을 쉬기 시작함으로써 스스로 하나의 생명체로서 살아갈 수 있게 된다. 사람이 더 이상 코로 숨을 쉬지 않게 되는 것이 바로 생명체로서 끝을 알리는 죽음이다.

사람은 숨길이 열려 있으면 숨을 쉬는 일을 절로 한다. 이 때문에 사람은 숨을 쉬는 일을 힘을 들이지 않고 할 수 있다. 반대로 숨을 쉬지 않으려고 하면, 그때부터 힘이 들어가게 된다. 사람은 많은 힘을 들여야 숨을 쉬지 않고 참을 수 있다. 그런데 아무리 많은 힘을 들이더라도 스스로 숨을 계속해서 참는 것은 불가능하다. 살아가는 바탕이 숨을 쉬는 일에 있기 때문이다.

한국인은 생명의 바탕을 숨으로 보아서 낱낱의 생명을 목숨으로 불렀다. 목숨은 낱낱의 생명체가 저마다 갖고 있는 몫으로서의 숨이면서, 목구멍을 통해서 들락거리는 숨을 말한다.

사람이 힘을 들여서 일을 열심히 하게 되면 절로 숨이 차거나 막히게 된다. 한국인은 일을 하다가 숨이 차거나 막히면 '숨 좀 돌리고 하자', '숨 좀 쉬고 하자'라고 말한다. 숨은 돌리는 것이고 쉬는 것이다. 한국인은 사람이 숨만 쉬고 있는 것을 쉬는 상태로 여긴다. 사람이 잠을 자는 것은 숨만 쉬는 상태로서 가장 깊이 쉬는 것이다. 이 때문에 사람이 잠을 잘 자지 못하면 몸과 마음이 피곤하게 된다.

사람이 숨만 쉬고 있는 상태를 쉬는 것으로 여기는 것은 중국인의 경우에도 마찬가지이다. 중국인이 말하는 휴식休息은 휴休와 식息을 합친 낱말로서, 휴는 일을 하지 않는 것을, 식은 숨을 쉬는 것을 뜻한다. 휴식은 일을 하지 않고 숨만 쉬는 것을 뜻한다. 마찬가지로 휴게休憩는 일을 하지 않고 숨만 쉬면서 차와 같은 음식을 먹는 것을 뜻한다.[25]

한국말에서 '쉽다'는 '쉬다'에 뿌리를 두고 있다고 말할 수 있다. 한국인은 숨을 쉬는 것처럼 힘을 들이지 않고도 할 수 있는 것을 '쉽다'라고 말한다. 쉬운 일은 힘을 많이 들이지 않아도 잘 이루어지는 일을 말하고, 어려운 일은 힘을 많이 들여도 잘 이루어지지 않는 일을 말한다.

---

25) 한국인이 흔히 '쉴 휴休'로 새기는 休의 본뜻은 일을 하지 않는 휴무休務나 휴업休業에 있다. 휴일休日은 일을 하지 않는 날을 말하고, 휴가休暇는 일을 하지 않는 여가를 말하고, 휴지休紙는 더 이상 종이로써 구실하지 않는 종이를 말한다.

08. 보다

　사람이 세상에 태어나서 숨을 쉰다고 마냥 살아갈 수 있는 것은 아니다. 숨을 쉬는 것을 넘어서 살아가는 데 필요한 여러 가지 것을 할 수 있어야 사람으로서 살아갈 수 있다.

　사람이 세상에 태어나서 하는 일 가운데서 가장 먼저 그리고 가장 으뜸으로 하는 것이 혀로써 사물의 맛을 보는 일이다. 사람은 혀로써 사물의 맛을 보는 일을 할 수 있어야, 음식을 먹어서 살아가는 데 필요한 여러 가지 힘을 낼 수 있다. 혀로써 사물의 맛을 보는 일을 할 수 없는 경우에는 음식을 먹어야 할 마음이 생겨나지 않기 때문에 스스로 먹고살 수가 없다.

　한국인은 사람이 혀로써 사물과 만나는 것을 '보다'라

고 말할 뿐만 아니라 귀, 코, 눈, 손, 항문, 성기 따위로써 다른 사물과 만나는 것도 모두 '보다'라고 말한다. 예컨대 한국인은 사람이 귀로써 사물과 만나는 것을 소리를 '들어보다', 코로써 사물과 만나는 것을 냄새를 '맡아보다', 눈으로 사물과 만나는 것을 꼴이나 빛을 '쳐다보다', 손으로써 사물과 만나는 것을 겉을 '만져보다' 따위로 말한다. 그리고 한국인은 사람이 항문으로 똥을 누는 것을 대변을 '보다'라고 말하고, 음경이나 음부로 오줌을 누는 것을 소변을 '보다'라고 말한다.

한국인이 몸과 마음으로 어떤 것을 보는 것은 어떤 것을 경험하는 것을 말한다. 경험이란 어떤 일의 과정과 결과에 따르는 맛을 느끼고 아는 것을 말한다. 한국인이 '맛을 보다', '꼴을 보다', '일을 보다', '소리를 들어보다', '냄새를 맡아보다' 따위에서 말하는 '보다'는 '경험하다'와 같은 뜻을 지니고 있다. 한국인은 어떤 것을 봄으로써 이루어지는 경험의 갈래를 봄, 들어봄, 맡아봄, 만져봄, 먹어봄, 해봄, 가봄, 와봄, 받아봄, 주어봄, 알아봄 따위로 말한다.

한국인이 소리를 '듣는다'라고 말하는 것과 소리를

'들어보다'라고 말하는 것은 뜻에 다름이 있다. 소리를 '듣는다'는 사람이 소리를 듣는 동작을 말하는 반면에 소리를 '들어보다'는 사람이 소리를 듣는 동작의 과정과 결과에 따르는 맛을 느끼고 아는 것까지 아울러서 말하고 있다. 이 때문에 사람이 어떤 소리를 들었을지라도 그것을 들어보지 않았을 수 있다.

한국인이 몸과 마음으로 어떤 것을 경험하는 것은 혀로써 어떤 것의 맛을 보는 것에 뿌리를 두고 있다. 사람은 혀로써 어떤 것의 맛을 이러한 것과 저러한 것으로 가르고 가릴 수 있기 때문에 태어나자마자 어머니의 젖을 맛있게 빨아먹음으로써 살아가는 데 필요한 힘을 낼 수 있다.

한국인은 혀로써 어떤 것의 맛을 가르고 가리는 것을 '헤아리다'라고 말한다. '헤아리다'는 혀와 알다에 바탕을 둔 낱말로서 사람이 혀로써 이러한 맛과 저러한 맛을 알아서 가르고 가리는 것을 말한다. 이는 한국인이 어떤 것을 느끼고 아는 바탕을 보는 것에다 두고 있음을 말한다.

한국인이 혀로써 맛을 보는 일을 바탕으로 사람이 보

는 갖가지 일을 풀어내는 일은 매우 중요하다.

첫째, 한국인은 '입맛이 당긴다', '구미가 당긴다', '입맛이 끌린다'고 말할 때, 당기고 끌리는 것을 옛날에는 '혀다'라고 말하였다. 예건대 '교룡蛟龍이 삿기롤 혀 디나가고'〔蛟龍引子過: 교룡이 새끼를 끌고 지나가고〕, '경經에 이 구句롤 혀아 써 미치며 제 방자放态ᄒ야'〔引經此句 以爲猖狂自态: 경전에서 이 구절을 끌어서 미치며 제 방자하여〕라고 할 때에 나오는 '혀다'이다. 이러한 '혀다'는 사람이 어떤 것을 끌거나 당기는 일, 곧 혀는 일이 혀에서 비롯함을 말하고 있다. 한국인은 혀를 빌려서 사람이 어떤 것을 끌거나 어떤 것에 끌리는 것을 풀어내고 있다.

둘째, 한국인이 '숫자를 세다26)', '생각을 헤아리다'라고 말할 때, 세거나 헤아리는 것을 옛날에는 '혀다/혀이다/혜다/헤다'라고 말하였다. 예컨대 '인생人生을 혀여하니 한 바탕 꿈이로다', '약간若干은 일정하지 아니한 숫자이니 못 혈 씨라'라고 할 때에 나오는 혀다이다. 이

---

26) 오늘날 한국인이 말하는 '숫자를 세다'에서 '세다'는 '혀다'가 바뀐 말이다. 혀와 세는 뿌리가 같은 말로서 지금도 사투리에서는 혀를 세라고 말하는 것을 볼 수 있다.

러한 '혜다'는 사람이 어떤 것을 세거나 생각하거나 헤아리는 일이 혀에서 비롯함을 말하고 있다.

한국인은 사람이 하는 모든 것을 보는 것으로 표현한다. 사람이 일을 하는 것을 일을 보는 것으로 말하는 까닭으로, 할 일이 있다는 것은 '볼일이 있다'라고 말하고, 일을 하는 것을 '일을 보다'라고 말한다. '일을 하는 것'은 임자가 하는 동작을 가리키는 것에 초점을 맞추는 반면에 '일을 보는 것'은 동작의 과정에서 생겨나는 경험을 가리키는 것에 초점을 맞춘다.

한국인이 어떤 것을 보는 일은 맛을 알아가는 과정으로써 일어난다. 예컨대 보다, 들어보다, 맡아보다, 해보다 따위는 임자가 어떤 것을 보거나, 들어보거나, 맡아보거나, 해보는 것과 같은 일을 말하고, 이러한 일의 과정과 결과에서 보는 맛, 본 맛, 듣는 맛, 들은 맛, 맡는 맛, 맡은 맛, 하는 맛, 한 맛 따위가 생겨나게 된다. 맛은 임자가 어떤 것을 만나본 것의 알맹이이다. 이런 까닭에 한국인은 만나본 모든 일을 맛에 담아서 보는 맛, 듣는 맛, 맡는 맛, 만지는 맛, 하는 맛, 좋은 맛, 싫은 맛, ㄲ는 맛, 끌리는 맛, 사는 맛, 죽는 맛 따위로 표현한다.

한국말에서 '만나다'와 '맛나다'는 뿌리를 같이한다고 볼 수 있다. 옛말에서 '만나다'는 '맞/맛/만+나다'로 썼고, '맛나다'는 '맛/만/맏+나다'로 썼다. '만나다'는 이것과 저것이 마주하여 나는 것을 말한다. 이때 '만나다'는 이것과 저것이 마주하여 나는 과정이나 상태를 가리키고 있다. 다음으로 '맛나다'는 이것과 저것이 마주하여 난 것의 결과로서 맛이 생겨나는 것을 말한다. 예컨대 사람이 나무에 매달린 포도를 만나면 맛이 나고, 포도가 그려진 광고판을 만나면 맛이 나는 것과 같은 것을 말한다. 이런 까닭에 만나는 일이 일어나게 되면, 맛나는 일이 따라서 일어나게 된다.

만남과 맛남이 일어나기 위해서는 이것이나 저것이 그렇게 할 수 있는 힘을 가지고 있어야 한다. 예컨대 만남이 이루어지기 위해서는 이것이나 저것이 마주하여 나는 과정을 해낼 수 있는 힘을 가지고 있어야 한다. 이런 까닭에 사람은 길을 가다가 바위를 만날 수 있지만, 바위는 다가오는 사람을 만날 수 없다. 또한 맛남이 이루어지기 위해서는 이것과 저것이 마주하여 난 결과를 느낄 수 있는 힘을 가지고 있어야 한다. 이런 까닭에 사람은 포도를 만나면 맛이 나는 것을 느끼지만, 포도는 사람을 만날 수 없기 때문에 맛이 나는 것을 느끼지 못한다.

한국인은 만남의 과정이나 결과에서 생겨나는 맛에 이끌려서 어떤 것을 보거나 보지 않으려고 한다. 한국인은 좋은 맛을 더욱 많이 가지려고 하는 반면에 싫은 맛은 더욱 적게 가지려고 한다. 이 때문에 좋은 맛이 나는 것을 더욱 많이 보려고 하는 반면에 싫은 맛이 나는 것을 더욱 적게 보려고 한다. 한국인이 살아가는 것은 오로지 맛을 보는 것에 달려 있다.

한국인은 사람이 어떤 것을 보는 일을 크게 두 가지로 나누어서 말한다. 하나는 '나는 산을 본다'고 말하는 것이고, 다른 하나는 '나는 산이 보인다' 또는 '나에게 산이 보인다'라고 말하는 것이다.

한국인이 '나는 산을 본다'라고 말할 때, 보는 것은 나라는 임자가 산이라는 대상을 보는 것을 말한다. 이때 임자는 보고자 하는 뜻에 따라서 임자의 쪽에서 대상의 쪽으로 나아가서 임자가 스스로 대상을 보려고 하는 뜻을 갖고 있다. 이런 까닭에 사람들이 욕심에서 비롯하는 어떤 일을 말할 때에는 '나는 ~을(를) 본다'라는 방식으로 말하고자 한다.

한국인은 '나는 산을 본다'라고 말하는 것에서 한 걸음 더 나아가 '내가 산을 본다'라고 말한다. '내가 산을 본다'는 것은 나라는 임자를 더욱 뚜렷이 드러내고 있다. 그리고 한국인은 '나는 산이 보인다'라고 말하는 것에서 한 걸음 더 나아가서 '나에게 산이 보인다'라고 말한다. '나에게 산이 보인다'는 산이라는 대상이 나에게 더욱 뚜렷이 드러나고 있음을 말한다.

'나는 산이 보인다'라고 말할 때 보이는 것은 대상이 임자에게 드러나는 것을 바탕으로 임자가 대상을 보게 되는 것을 말한다. 임자가 대상을 보고자 하는 뜻보다는 대상이 임자에게 드러나서 보게 되는 뜻이 더욱 강하다. 이런 까닭에 사람은 욕심에서 비롯하지 않은 어떤 일을 말할 때에는 '나는 ~(이)가 보인다'라는 방식으로 말하고자 한다.

'나는 산을 본다'는 것은 내가 산의 형태나 상태 따위를 바라보는 것을 넘어서 산의 내용을 살펴보는 것을 말한다. 나는 산을 이루고 있는 갖가지 것을 하나하나 파고들어 살피려는 뜻을 갖게 된다. 반면에 '나는 산이 보인다'에서 산이 보인다'는 것은 산이라는 것이 그냥 나에게 보이고 있음을 말한다. 이때 나의 눈에 들어오는 것은 겉으로 드러난 산의 형태나 상태이다.

'나는 헛것을 본다'와 '나에게 헛것이 보인다'는 뜻에서 다름이 있다. '나는 헛것을 본다'는 것은 내가 임자로서 헛것이라는 대상을 보는 것을 말하고, '나에게 헛것이 보인다'는 헛것이라는 임자가 나에게 보임을 말한다. 이 때문에 내가 헛것에 끌리지 않는 경우에는 '나는 헛것을 본다'라고 말하기보다는 '나는 헛것이 보인다'라고 말하거나 '나에게 헛것이 보인다'라고 말한다.

09. 성미

한국인은 사람이 저마다 갖고 있는 맛을 '인간미人間味'라고 말한다. 인간미는 사람이 갖고 있는 맛을 말한다. 사전에는 인간미를 '인간다운 따뜻한 맛'이라고 풀이하고 있다. 한국인은 인간미를 놓고서 인간미가 없는 사람, 인간미가 적은 사람, 인간미가 많은 사람, 인간미가 넘치는 사람 따위를 말한다. 한국인은 인간미를 '사람 맛' 또는 '사람 사는 맛'이라고 말하기도 한다.

사람마다 맛을 가르고 가리는 것을 달리하기 때문에 한국인은 사람이 맛을 가르고 가리는 나름의 성질을 '성미性味'라고 일컫는다. 성미는 '성품으로 빚어진 맛 또는 맛깔'을 뜻한다고 말할 수 있다. 한국인은 사람이 저마다 갖가지로 맛을 보는 것을 바탕으로 성미라는 한자

낱말을 만들어서 써 왔다. 인간미와 성미라는 낱말은
중국에서는 찾아보기 어려운 낱말이다.

성미에서 성性은 마음의 일어남을 뜻하고, 미味는 입
으로 나무의 어린 싹을 먹음으로써 맛이 생겨남을 뜻한
다. 성미는 사람처럼 마음과 입을 가진 것들에서 볼 수
있는 맛에 대한 이끌림을 말한다. 사람은 성미를 바탕
으로 갖가지 맛, 곧 먹는 맛, 보는 맛, 듣는 맛, 맡는 맛,
만지는 맛, 좋은 맛, 싫은 맛, 하는 맛, 쉬는 맛, 두는
맛 따위를 가르고 가려서 좋은 것은 갖고 싫은 것은 버
린다. 성미가 같거나 다르다는 것은 맛에 대한 이끌림
이 같거나 다름을 말한다.

사람은 태어나서 갖가지 것들을 맛보는 과정을 통해
본성이 습성으로 드러나는 과정에서 저마다 나름대로
성미를 형성한다. 성미는 맛에 대한 이끌림으로서 한
사람의 됨됨이를 드러내는 핵심이다. 어떤 사람인지 아
는 일은 어떤 성미를 갖고 있는지 아는 일이 핵심을 이
룬다.

한국인은 사람이 일을 보는 것이 모두 맛에 이끌려서
이루어지는 것임을 성미性味, 의미意味, 흥미興味, 재미,[27)]

취미趣味와 같은 한자 낱말에 담아내고 있다. 성미는 사람이 갖고 있는 맛에 대한 이끌림을, 의미는 사람이 뜻을 맛으로 담아냄을, 흥미는 사람의 몸과 마음에 맛이 일어남을, 재미는 사람이 몸과 마음에 맛이 매우 강하게 일어남을, 취미는 사람이 어떤 맛에 이끌려 세차게 나아감을 말한다.

사람은 혀에서 비롯하는 맛의 세계를 바탕으로 살아간다. 사람이 마주하는 온갖 것은 모두 맛을 지니고 있다. 그런데 사람은 아주 흔하게 느끼는 맛에 대해서는 맛을 잘 느끼지 못한다. 예컨대 사람은 공기나 물과 같은 것의 맛을 잊고서 살아간다. 사람은 공기나 물이 특별한 경우에만 그것의 맛을 말한다. 밥맛의 경우에도 마찬가지이다. 한국인이 밥을 충분히 먹을 수 있게 되면서 밥을 맛이 적은 것을 대표하는 것으로 여겨서 '밥맛이다', '밥맛이야' 따위로 말한다. 그런데 옛날에 밥을 충분히 먹을 수 없었던 시절에는 끼니마다 먹는 밥을 매우 맛있게 여겼다.

---

27) 본디 자미滋味인데 뒤에 재미로 바뀜.

조선시대에 정약용은 맛을 모든 생명체의 바탕으로 보아서 생명의 본성을 기호嗜好로써 풀이하였다.28) 기호는 생명체가 갖고 있는 갖가지 맛, 곧 보는 맛, 듣는 맛, 맡는 맛, 씹는 맛, 하는 맛 따위를 말한다.

그는 모든 생명이 좋아하고 싫어하는 맛을 좇아서 생명을 열어간다고 보고, 파는 닭똥을 좋아하고, 꿩은 숲을 좋아하고, 노루는 평지를 좋아하는 맛을 본성으로 지니고 있다고 말하였다. 파, 꿩, 노루는 맛을 바탕으로 좋아하는 것과 싫어하는 것을 가르고 가려서 살아가는 데 필요한 것을 얻고 그렇지 않은 것을 버릴 수 있기 때문에 생명을 이루어 갈 수 있다.

정약용은 수컷과 암컷이 서로 좋아하는 맛을 '음양기호陰陽嗜好'라고 말했다. 그는 사람이 8살에서 11살에 이르는 시기에는 지식이 대개 몽매한 상태에 있어서 책을 읽어도 그 맛을 잘 알지 못하고, 15~16살에 이르는 시기에는 음양기호가 있게 되어 남녀의 맛에 이끌림으로써, 사물에 대한 여러 가지 욕심이 마음을 이리저리 갈

---

28) 정약용, 《여유당전서與猶堂全書》, 제2집, 권2, 〈심경밀험心經密驗〉, 〈심성총의心性總義〉 참조.

라놓게 된다고 보았다. 그는 음식, 안위, 남녀, 도덕 따위에 대한 욕구나 욕망을 모두 기호인 맛으로 풀이하고 있다.

사람은 꿩이나 노루처럼 지각하는 마음을 갖고 있으면서 꿩이나 노루와는 다르게 생각하는 마음을 아울러 갖고 있다. 이 때문에 꿩이나 노루에서는 전혀 볼 수 없는 갖가지 일들을 꾸미고 벌일 수 있다. 사람은 생각하는 마음을 바탕으로 도덕, 지식, 기술, 예술 등에 대한 맛을 기르고 쓸 수 있게 됨으로써 높은 수준의 문화를 일구어 올 수 있게 되었다. 이로 말미암아 사람은 다른 뭇 생명체와 크게 다른 매우 특수한 지위를 갖게 되었다.

정약용은 생명의 본성에 바탕을 둔 맛과 이것과 저것의 관계에 바탕을 둔 이치理致를 엄격히 구분하면서 성리학에서 생명의 본성을 이치理致로 말하는 것을 비판하였다. 느낌에 바탕을 둔 맛은 오로지 생명에서만 볼 수 있는 것과 달리 이것과 저것의 관계에 대한 이치는 모든 사물에 두루 미치는 것이다. 그는 모든 사물에 두루 미치는 것으로써 생명에서만 특별히 볼 수 있는 것을

풀어내는 것은 생명의 본질을 제대로 풀어낼 수 없다고
보았다. 이는 마치 돌멩이가 서로 부딪히는 이치로써
사람들이 서로 다투는 이치를 설명하는 것과 같아서 궁
색함을 벗어나기 어렵다.

정약용은 생명의 본성을 맛으로 풀어낼 때, 생명의
주체를 한층 명확하게 드러낼 수 있다고 보았다. 그는
모든 생명은 좋아하는 맛과 싫어하는 맛에 따라서 가르
고 가리는 일을 할 수 있음으로써 생명을 이루어 나간
다고 보았다. 이 때문에 그는 생명이 생명답게 살아가
기 위해서는 맛을 올바르게 기르는 동시에 그러한 맛을
이룰 수 있는 조건을 갖추어야 한다고 보았다.

정약용은 모든 사람이 좋아하고 싫어하는 맛의 바탕
을 고루 갖추고 있기 때문에 사람이 맛을 이루어 가는
사회적 바탕 또한 고루 할 수 있어야 한다고 보았다.
그는 임금이 나라를 다스리는 일에서 가장 으뜸이 되는
일은 백성이 맛을 이루어가는 사회적 바탕을 고루 할
수 있도록 하는 일로 보았다. 그는 《원정原政》에서 "고
루 우리 백성인데, 누구는 토지의 이로움을 아울러서
부유하게 살고, 누구는 토지의 이로움을 막아서 빈한하

게 살도록 할 것인가! 이를 위해 토지를 계량하여 백성에게 고루 나눠주어서 그것을 바로잡으니, 이것이 정치이다"[29]라고 주장하였다.

정약용이 생명의 본성을 맛으로 풀어내는 것은 한국인이 말하는 '맛', '성미性味', '성깔', '인간미人間味', '살맛', '밥맛', '흥미', '재미', '취미' 따위와 같은 바탕을 갖고 있다. 맛은 생명이 삶으로 드러나는 통로와 같아서 생명체는 맛을 느낄 수 있어야 살아갈 수 있고, 그렇지 못하면 죽고 만다. 이런 까닭에 생명에서 볼 수 있는 갖가지 것들, 즉 주체와 대상, 만남과 어울림, 느낌과 앎, 본성과 습성 등은 모두 맛으로 이어져 있다.

---

29) 정약용, 《원정原政》, "政也者, 正也. 均吾民也, 何使之,幷地之利而富厚. 何使之,阻地之澤而貧薄. 爲之, 計地與民而均分焉, 以正之, 謂之政."

10. 멋

한국인은 사람이 눈으로 봄으로써 느끼는 맛 가운데 어떤 것을 특별히 '멋'이라고 부른다.[30] 멋은 사람이 뜻으로써 지어놓은 어떤 것을 눈으로 봄으로써 느끼는 맛을 말한다. 한국인은 '옷이 멋있다', '집이 멋있다', '다보탑이 멋있다' 따위로 말한다.

우리가 말하는 멋은 남에게 멋지게 보이는 맛을 말한다. 옷이 멋있는 것은 옷이 남에게 멋지게 보이는 맛을 말하고, 내가 멋있는 것은 내가 남에게 멋지게 보이는 맛을 말한다. 내가 옷으로써 멋을 부리는 것은 남에게 나의 옷이 멋지게 보이는 맛을 갖도록 하기 위해서이다.

---

30) 멋은 맛에 뿌리를 두고 있다. 용례나 사전을 살펴볼 때, 멋은 아마 19세기에 만들어진 낱말로 보인다.

사람이 멋에 빠지게 되면 남에게 보이는 것에서 느끼는 맛으로 빠져들게 된다. 이런 사람은 스스로 먹어서 느끼는 맛보다 남에게 멋있게 보이도록 먹는 것에서 느끼는 맛을 더욱 중시하고, 스스로 보아서 느끼는 맛보다 남에게 멋있게 보이도록 보는 것에서 느끼는 맛을 더욱 중시하게 된다. 예컨대 어떤 사람은 남에게 멋있게 보이게 하려고 입에 맞지도 않는 값비싼 음식을 억지로 먹기도 하고, 몸에 어울리지도 않는 값비싼 옷을 굳이 입기도 한다.

혀로 맛을 보는 것은 나와 대상이 하나가 된 것에 대한 경험을 말하고, 눈으로 꼴을 보는 것은 내가 대상을 마주하는 것에 대한 경험을 말한다. 내가 대상과 하나가 되는 것을 중시하는 경우에는 혀로 맛을 보는 것을 중시하게 되고, 내가 대상을 파악하는 것을 중시하는 경우에는 눈으로 꼴을 보는 것을 중시하게 된다.

보는 맛보다 먹는 맛이 더욱 근본적이라는 것은 '금강산도 식후경이다'라는 속담에 잘 드러나 있다. 아무리 보는 맛이 좋아도 먹는 맛을 채우지 않으면 그것을 계속할 수가 없다. 먹는 맛이 없으면 죽게 되지만, 보는 맛이 없으면 심심해서 죽을 지경에 이를 뿐이다.

먹기 좋은 떡과 보기 좋은 떡이 같을 수도 있고 다를 수도 있다. 보는 것이 먹는 것에 영향을 미칠 수도 있다. 이 때문에 '보기 좋은 떡이 먹기도 좋다'라는 말이 생겨나게 되었다. 그러나 '빛 좋은 개살구'에서 볼 수 있는 것은 아무리 먹음직스러워도 맛이 없는 것이 있을 수 있다는 것이다.

한국인이 혀를 바탕으로 맛을 보는 것으로써 모든 경험을 담아내는 것은 매우 중요한 뜻을 지니고 있다.

사람이 혀로서 맛을 보아서 존재를 경험하는 것은 대상의 알맹이를 속속들이 깨달아 가는 것을 말한다. 반면에 사람이 눈으로서 꼴을 보아서 존재를 경험하는 것은 대상의 겉을 알아가는 것을 말한다.

장님은 눈으로 꼴을 볼 수 없기 때문에 겉으로 멋을 내고 부리는 일을 할 수가 없다. 장님은 겉으로 멋을 내거나 부리는 일을 하지 않고 살아간다. 장님에게 중요한 것은 만지고, 듣고, 말하는 맛이다. 이런 까닭에 장님은 멋에 휘둘리지 않은 본디의 맛을 차분하게 맛볼 수도 있다.

한국인은 여러 가지 까닭으로 사람이 혀로 맛을 보는 것보다 눈으로 꼴을 보는 것에 더욱 많은 관심을 쏟게 되었다. 오늘날 한국인은 '보다'라는 낱말을 눈으로 꼴을 보는 것으로 알고 있는 경우가 많다. 중국과 서구에서 가져온 개념과 이론들이 영향을 크게 끼쳤다. 그러나 바탕으로 들어가 보면 한국인이 보는 것은 혀로 맛을 헤아려서 보는 것에 뿌리를 두고 있음을 알 수 있다.

사람은 생각을 바탕으로 여러 것을 깊고 넓게 볼 수 있게 됨에 따라서 온갖 재주를 기를 수 있게 되었다. 사람은 온갖 재주를 부려서 갖가지 것들을 만들어 쓸 수 있다. 사람은 전화기, 냉장고, 텔레비전, 자동차, 비행기와 같은 것들을 가지고 쓸 수 있게 됨에 따라서 더욱 많은 것을 가지고 쓰려고 욕심을 부린다. 사람은 결코 가질 수 없는 것조차 갖고자 욕심을 부린다.

사람이 혀로 맛을 보고, 귀로 소리를 들어 보고, 손으로 물건을 만져 보는 것은 직접 닿는 것으로 한정되어 있어서 한꺼번에 이것과 저것을 함께할 수 없다. 이와 달리 사람이 눈으로 꼴이나 빛을 보는 것은 밖으로 활짝 열려 있어서 한꺼번에 이것과 저것을 함께할 수 있다. 이 때문에 사람이 눈에 보이는 것에 이끌려서 욕심을 부리면, 욕심이 끝없이 뻗어 나가기 쉽다.

사람이 눈에 보이는 것들에 이끌려 욕심을 부풀리게 되면, 눈에 보이지 않거나 눈으로 볼 수 없는 것조차 욕심을 부리게 된다. 눈에 보이지 않는 미래를 대비하기 위해서 끊임없이 재물을 모으기도 하고, 눈으로 볼 수 없는 내세를 준비하기 위해서 끊임없이 기도를 올리기도 한다. 이런 까닭에 욕심을 주체하지 못하면, 끝없이 욕심에 끌려 다니게 된다. 욕심에 끌려 다니지 않기 위해서 욕심이 없는 상태인 무욕無慾이나 욕심을 줄인 상태인 과욕寡慾을 말하는 것은 이 때문이다.

영국인과 보다

한국인과 다르게 영국인은 보는 것을 주로 눈으로 꼴을 보는 것으로 말해 왔다. 이 때문에 영국인은 혀로 맛을 보는 taste와 눈으로 꼴이나 빛을 보는 see를 나누어서 말해 왔다. 영국인은 눈으로 꼴이나 빛을 보는 see를 머리로 내용을 알아보는 understand와 같게 여겨서 'I understand'라고 대답해야 하는 경우에 'I see'라고 대답하는 버릇이 있다. 또한 영국인은 눈으로 꼴이나 빛을 보는 see를 머리로 내용을 믿는 believe와 같게 여겨서 '보는 것은 곧 믿는 것이다[To see is to believe]'라고 말하는 버릇이 있다.

영국인이 see를 understand나 believe와 같게 여기는 것은 혀로 어떤 것을 느껴보는 것보다 눈으로 모든 것을 알아보는 것을 더욱 중요하게 생각하는 것을 말한다. 이런 까닭에 영국인은 모든 것을 다 알고 다 이룰 수 있는 절대적 존재인 신God을 가장 높은 곳에서 아래에 있는 모든 것을 다 보는 존재로 여긴다. 영국인은 신God처럼 모든 것을 다 봄으로써 다 알고 다 이룰 수 있는 존재가 되고자 한다. 영국인은 근대로 넘어오면서 이러한 욕망을 갖가지 형태의 권력들, 곧 정치권력, 자본권력, 지식권력, 기술권력 따위로 이루어 내고자 한다.

중국인과 보다

한국인과 다르게 중국인은 보는 것을 주로 눈으로 꼴을 보는 것으로 말해 왔다. 이 점에서 중국인은 영국인과 비슷하다. 한자 낱말에서 견見, 간看, 관觀은 모두 눈을 뜻하는 '목目'에 바탕을 두고 있다. 이 때문에 중국인은 혀로 맛을 보는 '미味'와 눈으로 꼴을 보는 '견見'을 나누어서 말해 왔다. 중국인은 영국인처럼 눈으로 보는 것을 아는 것으로 여겨서 어떤 것을 알아보게 된 것을 '견득見得'이라고 말한다. 그리고 중국인은 눈으로 보아서 알아낸 것을 '견해見解'라고 말한다.

눈으로 보는 것을 바탕으로 견득이나 견해와 같은 낱말을 쓰지만 아는 것을 뜻하는 '지知'는 입에서 혀로 느끼는 것에 바탕을 두고 있다. 지知는 화살을 뜻하는 시矢와 입을 뜻하는 구口가 합쳐진 낱말로서 입에서 혀로 맛을 아는 일이 화살처럼 빠르게 이루어지는 것을 나타내고 있다. 중국인은 혀로 어떤 것을 느껴보는 것과 눈으로 모든 것을 알아보는 것을 모두 다 이루고자 한다. 중국인은 이러한 욕망을 이루기 위해서 중심中心, 중화中和, 중용中庸, 중국中國, 중화中華를 꿈꾼다.

11. 보는 일

한국인이 세상을 살아가는 것은 갖가지 것들을 보는 일로써 이루어진다. 보는 일이 잘 이루어지면 잘 살게 되고, 그렇지 못하면 잘 살지 못하게 된다. 이 때문에 사람이 잘 살아가기 위해서는 무엇보다도 잘 볼 수 있는 힘을 가져야 한다.

사람이 보는 것은 크게 두 가지가 있다. 하나는 내가 나의 밖에 있는 것을 보는 것이고, 다른 하나는 내가 나의 안에 있는 나를 보는 것이다.

사람이 세상에 태어나면 나에게 있는 입, 살갗, 코, 귀, 눈 따위를 가지고 나의 밖에 있는 갖가지 것들을 보게 된다. 나에게 있는 입, 살갗, 코, 귀, 눈 따위는 나의 밖에 있는 것을 보는 수단이다. 이러한 수단에 문제가 생기면 나의 밖에 있는 것을 보는 것 또한 문제가 생긴다.

사람은 나의 밖에 있는 것들을 보아서 알아가고 알아 하는 일을 거듭하는 과정에 그것을 보는 내가 임자로서 이쪽에 자리하고 있음을 깨닫게 된다. 사람은 내가 이쪽에 임자로서 자리하고 있음을 깨닫게 되면서, 나의 안에 있는 것을 볼 수 있게 된다. 사람은 나를 이루고 있는 갖가지 것들을 볼 수 있게 됨으로써 나에 대한 느낌과 앎을 갖게 된다. 사람은 나의 밖에 있는 것과 함께 나의 안에 있는 것을 아울러 잘 볼 수 있어야 세상을 더욱 잘 볼 수 있다.

한국인이 어떤 것을 보는 것은 다음과 같은 바탕 위에서 이루어진다.

첫째, 사람은 볼 수 있는 것을 보고, 볼 수 없는 것을 보지 못한다.

사람이 어떤 것을 보거나 보지 못하는 것은 두 가지 까닭에서 비롯한다. 하나는 볼 수 있는 힘이고, 다른 하나는 볼 수 있는 기회이다.

보는 것은 볼 수 있는 힘에 달려 있다. 사람이 어떤

것을 보기 위해서는 볼 수 있는 힘을 가져야 한다. 사람이 볼 수 있는 힘을 스스로 가질 수도 있고, 남의 도움을 받아서 가질 수도 있다.

볼 수 있는 힘을 가지고 있더라도, 그것을 볼 기회가 주어지지 않으면 볼 수 없다. 사람이 어떤 것을 보기 위해서는 볼 수 있는 기회를 만들어야 한다. 볼 수 있는 기회는 스스로 만들 수도 있고, 남의 도움을 받아서 만들 수도 있다.

둘째, 보고 싶어 하는 뜻을 갖고 있을 때에는 보고 싶어서 보는 경우, 보고 싶어도 보지 못하는 경우, 보고 싶어도 안 보는 경우가 있다.

사람이 보고 싶어서 보는 것은 스스로 그렇게 하기도 하고 남이 시켜서 그렇게 하기도 한다. 사람이 보고 싶어도 보지 못하는 것은 볼 수 있는 힘을 갖고 있지 못하거나 볼 수 있는 기회가 만들어지지 않기 때문이다. 보고 싶어도 안 보는 것은 보아서는 안 되는 까닭이 있기 때문이다.

셋째, 보고 싶지 않은 뜻을 갖고 있을 때에는 보고 싶지 않아서 보지 않는 경우, 보고 싶지 않아도 보는 경우가 있다.

사람이 보고 싶지 않아서 보지 않는 것은 스스로 하는 일이고, 보고 싶지 않아도 보는 것은 스스로 그렇게 할 수도 있고, 남이 시켜서 그렇게 할 수도 있다.

넷째, 보아야 할 필요가 있을 때에는 보아야 하는 것을 보는 경우와 보아야 하는 것을 보지 않는 경우가 있다.

보아야 하는 것을 보는 것은 스스로 그렇게 하기도 하고, 남의 탓으로 그렇게 하기도 한다. 보아야 하는 것을 보지 않는 것은 스스로 그렇게 하기도 하고, 남의 탓으로 그렇게 하기도 한다.

다섯째, 보지 않아야 할 필요가 있을 때에는 보지 않아야 하는 것을 보지 않는 경우와 보지 않아야 하는 것을 보는 경우가 있다.

보지 않아야 하는 것을 보는 것은 스스로 그렇게 하기도 하고 남의 탓으로 그렇게 하기도 한다. 사람이 보지 않아야 하는 것을 보지 않는 것은 스스로 그렇게 하기도 하고 남의 탓으로 그렇게 하기도 한다.

사람이 다른 사람과 일을 벌이는 것은 다른 사람에게 어떤 것을 보도록 하는 것을 말한다. 예컨대 다른 사람에게 말을 하는 것은 다른 사람이 말의 뜻을 알아보도록 하는 일이다. 사람은 서로 상대의 뜻을 알아보도록 함으로써 함께하거나 따로 하는 일을 할 수 있다.

사람이 남에게 어떤 것을 보도록 하는 것은 다른 것을 보는 일에 영향을 미친다. 예컨대 남에게 어떤 것을 보도록 하게 되면, 그 결과 다른 것을 볼 수 있게 되거나, 다른 것을 볼 수 없게 되거나, 다른 것을 보고 싶어 하게 되거나, 다른 것을 보고 싶어 하지 않게 되거나, 다른 것을 보지 못하게 되거나, 다른 것을 보지 않게 되는 따위의 일을 불러오게 된다.

12. 보도록 하는 일

사람은 어떤 것으로든 다른 사람의 마음을 살 수 있어야, 다른 사람을 제 뜻대로 부릴 수 있다. 예컨대 다른 사람의 마음을 살 수 있어야 함께 지낼 수도, 칭찬을 들을 수도, 물건을 팔 수도, 선거에 이길 수도 있다. 다른 사람의 마음을 사지 못하면 함께 지내고, 칭찬을 듣고, 물건을 팔고, 선거에 이기는 일을 할 수 없다. 이 때문에 사람은 끊임없이 다른 사람의 마음을 사기 위해서 애를 쓴다.

사람이 다른 사람을 제 뜻대로 부리고자 하게 되면, 다른 사람의 마음을 살 수 있는 것을 다른 사람이 보도록 만들고자 한다. 사람은 다른 사람의 마음에 드는 것을 다른 사람에게 보임으로써 끊임없이 다른 사람의 마음을 사고자 한다. 다른 사람을 제 뜻대로 부리고자 하는 마음이 크면 클수록 다른 사람의 마음을 더욱 굳건하게 사서 오로지하려고 한다.

어떤 것으로써 다른 사람의 마음을 사기 위해서는 그것이 다른 사람의 마음에 끌려야 하고 들어야 한다. 이런 까닭에 다른 사람의 마음을 사고자 하는 사람은 어떤 것이 다른 사람의 마음에 끌리고 들도록 만들려고 한다. 사람이 다른 사람의 마음을 사는 일에 깊이 빠져들게 되면, 그것을 위해 어떤 것을 부풀려 보이거나 속이는 일조차 벌이게 된다.

사람이 다른 사람의 마음을 크게 사게 되면 뛰어난 사람, 이름난 사람, 거룩한 사람 따위가 될 수 있다. 이 때문에 사람은 다른 사람의 마음을 사기 위해서 온갖 재주를 부린다.

사람이 다른 사람의 마음을 당장 사는 것도 있고, 나중에 사는 것도 있다. 예컨대 정약용은 스스로 별호를 지으면서 기다리는 사람이라는 뜻을 담아 '사암俟菴'이라고 지었다. 사암은 '기다리는 마음으로 살아가는 사람이 거처하는 암자'이다. 그는 써놓은 수많은 글들이 당장이 아니라 훗날에 사람의 마음을 살 수 있을 것으로 생각하여 이러한 별호를 지었다고 볼 수 있다.

사람이 남의 마음을 사기 위해서 남에게 어떤 것을 보도록 하는 일이 일어나는 갈래는 다음과 같다.

첫째, 사람은 남이 스스로 볼 수 있는 것을 보도록 하기도 하고, 남이 스스로 볼 수 없는 것을 볼 수 있도록 해서 보이기도 한다.

사람이 이미 보는 힘을 갖추고 있는 경우에는 어떤 것이 주어지기만 하면 스스로 그것을 볼 수 있다. 예컨대 어머니가 이제 막 태어난 아기에게 젖을 물리는 경우에 아기는 이미 젖을 빨아서 맛을 보는 힘을 갖고 있기 때문에 스스로 그렇게 한다. 이와 달리 사람이 아직 보는 힘을 갖추고 있지 않은 경우에는 보는 힘을 길러서 볼 수 있도록 끌어 주어야 한다. 예컨대 초등학교 4학년에게 분수의 곱셈을 가르치는 경우에 학생이 아직 문제를 풀 수 있는 힘을 가지고 있지 못하면, 알아볼 수 있는 힘을 기르도록 이끌어서 풀게 해야 한다.

둘째, 사람은 남이 스스로 보고 싶어 하는 것을 보게 하기도 하고, 남이 스스로 보고 싶어 하지 않는 것을 보게 하기도 한다.

사람이 어떤 것을 보고 싶어 하는 경우에는 볼 수 있는 여건이 주어지면 스스로 보게 된다. 이와 달리 어떤 것을 보고 싶어 하지 않는 경우에는 보고 싶어 하는 마음이 나도록 해서 스스로 보게 하거나, 아니면 보지 않으려고 하는 것을 억지로 보게 해야 한다.

셋째, 사람은 남이 보아야 하는 것을 보게 하기도 하고, 보지 않아야 하는 것을 보게 하기도 한다.

사람이 볼 수 있는 것 가운데는 보아야 하는 것이 있는 것과 함께 보지 않아야 하는 것이 있다. 보지 않아야 하는 것은 반드시 그래야 하는 것을 뜻한다. 사람들은 남이 보아야 하는 것을 보게 하는 것을 옳고 바르게 여기는 것과 달리 남이 보지 않아야 하는 것을 보게 하는 것을 그릇되고 틀린 일로 여긴다.

넷째, 사람은 보아도 되는 것을 보게 하기도 하고, 보지 않아도 되는 것을 보게 하기도 한다.

사람이 볼 수 있는 것 가운데는 보아도 되는 것이 있는 것과 함께 보지 않아도 되는 것이 있다. 보지 않아도 되는 것은 반드시 그럴 필요가 없는 것을 뜻한다.

사람들은 남이 보아도 되는 것을 보게 하는 것을 잘못이나 허물이 되지 않는 일로 여기는 것과 달리 남이 보지 않아도 되는 것을 보게 하는 것을 잘못이나 허물로 여긴다.

다섯째, 사람은 먼저 보아야 하는 것과 나중에 보아야 하는 것을 차례대로 보게 하기도 하고, 차례를 거꾸로 보게 하기도 한다.

사람이 볼 수 있는 것 가운데는 먼저 보아야 하는 것과 나중에 보아야 하는 것이 있다. 보는 일에서 앞뒤의 차례가 있게 되는 것은 보는 사람에서 비롯할 수도 있고 보는 대상에서 비롯할 수도 있다. 사람들은 남이 차례대로 보게 하는 것을 옳고 바른 것으로 여기는 반면에 차례를 거꾸로 보게 하는 것을 그르고 틀린 것으로 여긴다.

사람이 어떤 것을 보는 것은 그것이 볼거리가 될 만하기 때문이다. 그런데 언제나 볼거리가 될 만한 것을 보는 것은 아니다. 사람은 때에 따라서 홀려서, 속아서, 억지로 볼거리가 되기 어려운 것을 보게 되고, 볼거리가 되지 않은 것을 보게 되는 일이 벌어질 수 있다.

볼거리가 되기 어렵거나 볼거리가 될 수 없는 것을 보는 것은 시간, 노력, 자원을 헛되게 하는 일이다. 그럼에도 불구하고 이런 일이 자주 일어나는 것은 다음과 같은 까닭에서이다.

첫째, 어떤 사람은 남에게 볼거리가 적은 것을 볼거리가 많은 것으로 부풀려서 보게 만든다.

볼거리가 적더라도 많은 것처럼 부풀려서 다른 사람을 꾀게 되면, 사람들은 그렇게 보게 된다. 예컨대 어떤 사람이 그저 그런 정도의 논문이나 책을 쓰고서, 그것이 대단한 볼거리가 되는 것처럼 부풀려서 자랑함으로써 다른 사람이 그것을 보도록 꾈 수 있다. 사람들은 이러한 수법을 흔히 '뻥튀기'라고 부른다. 뻥튀기가 정교하면 끝까지 들통이 나지 않을 수도 있다.

둘째, 어떤 사람은 남에게 볼거리가 못 되는 것을 볼거리가 되는 것으로 꾀어서 보도록 만든다.

사람이 볼거리가 못되는 것을 볼거리가 되는 것으로 꾸며서 다른 사람을 꾀게 되면, 사람들은 그렇게 보게 된다. 예컨대 어떤 사람이 논문을 규정에 맞게 잘 썼지만, 그것이 쓸모가 없다면 볼거리가 되지 못한다. 그런데 사람들은 그것을 대단한 볼거리가 되는 것으로 속여서 다른 사람이 보게 할 수도 있다. 사람들은 이러한 수법을 흔히 '꼬임수'라고 부른다. 꼬임수가 정교하면 끝까지 들통이 나지 않을 수도 있다.

셋째, 어떤 사람은 남에게 볼거리가 아닌 것을 볼거리가 되는 것으로 속여서 보도록 만든다.

사람이 볼거리가 아닌 것을 볼거리가 되는 것으로 속여서 다른 사람을 꾀게 되면, 사람들은 그렇게 보게 된다. 예컨대 어떤 사람이 자료를 조작해서 논문을 썼다면, 그것은 가짜이기 때문에 아예 볼거리가 아니다. 그런데 사람들은 그것을 대단한 볼거리가 되는 것으로 속여서 다른 사람이 보도록 할 수도 있다. 사람들은 이러한 수법을 흔히 '속임수'라고 부른다. 속임수가 정교하면 끝까지 들통이 나지 않을 수도 있다.

사람이 어떤 것을 보도록 이끌어 가게 되면, 다른 것을 보는 눈에도 큰 영향을 끼치게 된다. 예컨대 바깥 나라에서 가져온 낱말, 개념, 이론 따위를 대단히 좋은 것으로 보도록 이끌어 가게 되면, 사람들은 그러한 나라에서 온 것이면 무엇이나 다 좋은 것으로 보는 버릇을 갖게 된다. 그리고 이런 사람은 제 나라에서 가꾸어 놓은 낱말, 개념, 이론 따위를 하찮은 것으로 보는 것에 머물지 않고, 제 나라에서 이루어진 것이면 무엇이든 하찮은 것으로 보는 버릇을 갖는다.

　사람은 어떤 것을 보게 됨으로써 다른 것을 볼 수 있게 되거나, 다른 것을 볼 수 없게 되거나 다른 것을 보려고 하게 되거나, 다른 것을 보려고 하지 않게 된다. 이 때문에 어떤 것을 보여 주는 일은 남의 눈을 열어주기보다는 닫아 주는 일로 나아가기 쉽다. 이 때문에 남이 잘 모르거나 알기 어려운 것을 보여 주는 일을 밥벌이로 삼는 사람은 특별히 조심해야 한다.

13. 떨림과 울림

　서로 떨어져 있는 이것과 저것이 만나서 일을 벌이는 것은 떨림과 울림을 통해서 이루어진다. 이것과 저것이 만나면 떨림과 울림을 바탕으로 맞이 생겨나는 까닭에 좋아하거나 싫어하는 일이 일어난다.

　어떤 것이 떨면 둘레에 울림이 생겨나면서, 사이를 두고 있는 다른 것을 떨고 울도록 만든다. 예컨대 사람이 목청을 떨면 공기의 울림이 생겨나면서, 사이를 두고 있는 다른 것들을 떨고 울게 만든다. 이 때문에 사이를 두고 있는 이것과 저것은 떨림과 울림을 통해서 함께 하나를 이룬다.

　한국인은 사이를 두고 있는 이것과 저것이 떨림과 울림을 바탕으로 함께 어울려 하나의 우리를 이루는 것으로 보았다. 이런 까닭에 한국인은 사람을 무엇보다도 떨림과 울림의 임자로서 바라본다. 예컨대 한국인은 사람이 추위, 배고픔, 헐벗음, 기쁨, 즐거움, 노여움, 무서움으로 몸과 마음을 떤다고 말한다. 또한 사람이 몸으로 몸, 손, 발, 목청 따위를 떠는 것은 물론이고 마음으로 재롱, 아양, 넉살, 엄살, 수다, 부지런, 게으름 따위를 떤다고 말한다.

사람이 떨고 우는 것은 떨림과 울림을 통해서 이쪽과 저쪽이 함께 하나의 우리를 만들어가는 과정이다. 나와 남이 하나의 우리를 잘 이루기 위해서는 떨림과 울림을 잘 주고받을 수 있어야 한다. 이 때문에 한국인은 남을 울고 떨게 하는 일을 무엇보다도 소중하게 생각한다. 한국인은 끊임없이 재롱, 아양, 넉살, 엄살, 수다 따위를 떨어서 다른 사람이 울고 떨게 만든다.

한국인은 이것과 저것이 힘, 빛, 소리 따위로써 함께 떨림과 울림을 주고받는 것을 '어울린다'고 말한다.[31]

---

31) 하나의 몸을 이루고 있는 것도 이쪽과 저쪽이 힘이나 꼴이나 빛을 바탕으로 함께 어울린다. 예컨대 항아리의 경우에는 주둥이, 목, 몸통, 받침, 손잡이, 빛깔, 무늬 따위가 하나로 어울려서 아름답게 보이기도 하고 그렇지 않게 보이기도 한다.

어울리다는 '어'와 '울리다'가 어우러진 낱말로서, 어는 떨어져 있는 이것과 저것을, 울리다는 떨어져 있는 이쪽과 저쪽이 서로 울도록 하는 관계에 있음을 뜻한다.

한국인은 이것과 저것이 떨림과 울림을 통해서 함께 잘 어울리는 것을 아름답다고 말한다. '아름답다'에서 아름은 낱낱의 개체를 말하고, 답다는 개체가 갖고 있는 본질을 다하는 것을 말한다. 존재가 존재답게 되는 것은 떨림과 울림을 통해서 아름다움으로 나아가는 것을 뜻한다.

내가 남에게 보여주는 어떤 것을 남이 보도록 만들기 위해서는 남을 울려서 떨게 만들 수 있어야 한다. 그래야 내가 보여주고자 하는 것을 남이 따라서 보게 된다. 내가 남에게 보여주는 것에 따라서 남이 떨고 울게 만드는 힘을 가짐으로써 나는 남을 나의 뜻대로 다룰 수 있게 된다. 이런 까닭에 남을 나의 뜻대로 다루고자 하는 사람은 남을 떨고 울게 하는 힘을 가지려고 한다.

오늘날 사람들은 수만 가지로 나누어서 한 일들을 사고파는 과정을 통해서 서로 주고받음으로써 살아가는 데 필요한 갖가지 것들을 가질 수 있다. 따라서 낱낱의 사람들은 거대한 분업체계 속에서 매우 작은 하나의 부품처럼 구실하며 살아간다. 이 때문에 사람들은 저마다 남을 떨고 울게 만들어서 제가 가진 것을 남들이 사도록 할 수 있어야, 남이 가진 것들을 사서 삶을 꾸려나갈 수 있다. 이런 까닭에 사람들이 관심을 기울이는 일은 오로지 남을 떨고 울게 만들어서 나의 것을 사게 하는 일이다.

오늘날 자본주의 사회체제에서 사람이 힘을 갖는 것은 남을 떨고 울게 만들어서 상품을 사도록 하는 일에 있다. 나는 남에게 상품을 팔아서 갖게 된 돈만큼 힘을 가질 수 있다. 남에게 상품을 팔지 못하면 돈을 가질 수 없기 때문에 어떠한 것도 할 수 없다. 이런 까닭으로 사람들은 더욱 많은 상품을 팔기 위해서 억지로라도 남을 떨고 울게 만들어야 한다. 사람들은 남을 떨고 울게 만들기 위해서 끊임없이 새로운 상품을 만들어내는 것과 더불어 만들어진 상품의 가치를 부풀리거나 속여서 파는 일을 예사롭게 저지른다. 이 때문에 남이 떨고 울도록 만드는 것에 떠밀려서 억지로 떨고 우는 일이 곳곳에서 나날이 벌어지고 있다.

14. 차림

차림

한국인은 어떤 것이 법도에 맞게 구실할 수 있도록 가지런하게 만드는 것을 '차리다'라고 말한다. 예컨대 음식이 법도에 맞게 구실을 할 수 있도록 상에 밥, 국, 반찬, 수저 따위를 가지런하게 만드는 것을 '밥상을 차리다'라고 말한다. 사람은 밥상을 제대로 차려야 밥을 법도에 맞게 먹을 수 있다.

한국인은 무엇이든지 차릴 수 있어야 그것을 제대로 이루어 나갈 수 있다고 생각한다. 예컨대 사람이 속을 차리고, 염치를 차리고, 체면을 차리고, 예의를 차리고, 정신을 차리고, 행장을 차리고, 살림을 차리고, 점포를 차리고, 회사를 차려서 살아간다고 생각한다. 한국인은

어떤 것이든 잘 차려야 일을 제대로 해나갈 수 있다고
생각한다.

한국인이 어떤 것을 차리는 것은 떨어져 있는 여러
가지 것들을 함께 어울러서 서로 사무치게 함으로써 하
나의 모두로서 구실할 수 있도록 가지런히 만들어 나가
는 것을 말한다. 이것과 저것이 사무치는 것은 하나로
꿰뚫어서 서로 오고갈 수 있도록 통하게 하는 것을 말
한다. 한국인은 사람이 어떤 것을 차려서 사무치게 되
면, 그것이 이루어야 할 목표, 그것이 이루어지는 과정
과 방법 따위에 대한 슬기와 재주를 가지면서, 그것을
제대로 이루어 나갈 수 있다고 생각한다.

한국인은 어떤 것을 차리는 순서와 과정을 차례라고
말한다. 사람은 어떤 것이든 차례를 알아야 차릴 수 있
다. 어떤 것을 차례차례 한다는 것은 순서를 따라서 하
나하나 과정을 밟아가는 것을 말한다. 그리고 한국인은
어떤 것이 차례를 따라서 차려진 모습을 차림새라고 말
한다. 차려져 있는 모습에 따라서 어떤 것은 차림새가
좋고, 어떤 것은 그렇지 못하다. 사람이 어떤 것의 차림
새를 보게 되면 그것이 어떠한 것인지 대략적으로 가늠

할 수 있다.

한국인이 어떤 것을 차리기 위해서는 차림의 바탕이 되는 것들을 알아야 한다. 사람은 어떤 것의 본질, 목적, 수단, 방법 따위를 알아야 그것을 차릴 수 있다. 한국인은 차림의 바탕이 되는 것을 아는 것을 '알아차림'이라고 표현한다. 알아차림은 본질, 목적, 수단, 방법 따위를 알아서 차리는 것으로서 어떤 것에 대한 느낌과 앎을 차려 나가는 것을 말한다.

한국인이 차리는 것은 크게 두 가지로 나뉜다. 하나는 마음을 바탕으로 정신을 차리는 일이고, 다른 하나는 살아가는 일을 바탕으로 살림을 차리는 일이다.

첫째, 한국인이 마음을 바탕으로 정신을 차리는 일은 마음에 있는 갖가지 것들을 가지런하게 차리는 일을 말한다. 한국인은 마음에 있는 갖가지 것들을 가지런하게 차림으로써 마음을 하나로 모아서 쓸 수 있다. 한국인은 마음에 있는 갖가지 것들을 가지런하게 차리는 일을 '정신을 가다듬다'라고 한다. 한국인은 정신을 바로 차림으로써 염치나 체면 따위를 차릴 수 있다.

둘째, 한국인이 살아가는 일을 바탕으로 살림을 차리

는 일은 내가 남과 어울려서 갖가지 것들을 가지런하게 차리는 일을 말한다. 살림을 차리는 일은 피난살이, 겨우살이, 시가살이, 처가살이처럼 '살이'를 위한 것으로서 나와 남이 함께 어울려서 하는 일이다. 한국인은 집안살림, 회사살림, 나라살림을 차림으로써 함께 어울려 살아가는 데 필요한 갖가지 일을 할 수 있다.

어떤 것을 차리는 것은 그렇게 해야 하는 까닭이 있기 때문이다. 사람은 이러한 까닭을 바탕으로 어떤 것을 제대로 이루기 위해서 그것을 이루고 있는 낱낱의 것을 차려서 하나인 모두로 함께 어울리게 하려고 한다.

한국인은 어떤 것을 차려야 하는 본디의 까닭을 '츩'이라고 불렀다. 차리다는 본디 '츨이다'로서 '츩'에 뿌리를 둔 낱말이다. 한국말에서 '츩'은 사물이 비롯하는 뿌리, 바탕, 근원 따위를 뜻하는 낱말이다. 이 때문에 사람이 어떤 것을 차리는 일, 곧 츨이는 일은 사물이 비롯하는 뿌리, 바탕, 근원을 따라서 가지런하게 만드는 것을 말한다.[32] 그리고 '차라리'는 츨하리/츨히/츨아리

---

32) 한국인은 사물이 제대로 차려지게 되면 찰한 것이 된다고 생각한다. 예컨대 찰떡, 찰밥에서 말하는 찰이 그것이다. 한국인이 말

에 뿌리를 둔 낱말로서 사람이 더욱 근원적인 훓로 돌아가고자 하는 뜻을 담고 있다.

한국인은 어떤 것을 차리는 바탕을 '법'이라고 표현하는 일이 많다. 사람은 정신을 차리는 법을 알아야 정신을 제대로 차릴 수 있고, 밥상을 차리는 법을 알아야 밥상을 제대로 차릴 수 있고, 살림을 차리는 법을 알아야 살림을 제대로 차릴 수 있다. 이러한 법은 사람이 멋대로 정해놓은 규칙이나 규범을 넘어선다. 한국인은 차리지 못하도록 하거나 차릴 수 없도록 하는 것을 법으로 받아들이지 않는 경향이 강하다. 흔히 한국에는 헌법 위에 떼법이 있다고 말하는 것은 이런 까닭에서이다. 떼법은 비록 잘못된 것이지만 떼를 쓰는 까닭은 알아줄 필요가 있다.

한국인이 어떤 것을 차리기 위해서는 어떤 것을 제대로 알아야 한다. 즉, 사람은 어떤 것의 본질이 무엇인지 알고서, 그것을 이루는 데 따르는 목표와 과정과 방법을 알아야 어떤 것을 차릴 수 있다. 이 때문에 한국인

하는 참과 거짓에서 참은 어떤 것이 '훓'을 바탕으로 제대로 채워져 있는 상태를 말한다.

은 사람이 그냥 아는 것을 넘어서 차릴 수 있도록 아는 것은 '알아차리다'라고 말한다. 예컨대 한국인은 보고 알고, 듣고 아는 단계를 넘어서 보고 알아서 차리고, 듣고 알아서 차리는 단계로 나아간다. 이로써 한국인은 낱낱으로 떨어져 있는 것들을 가지런히 차려서 서로 사무치게 함으로써 하나의 모두로서 함께 어울리도록 만든다.

정신

사람이 차리는 것은 정신을 차리는 것에서 비롯한다. 정신을 차리는 것은 다른 모든 차림, 곧 속, 염치, 체면, 예의, 실리, 실속, 살림, 회사 따위를 차리는 바탕이다. 정신을 제대로 차리지 못하면 속, 염치, 체면, 예의, 실리, 실속, 살림, 회사 따위를 제대로 차릴 수 없다.

사람이 정신을 차리는 것은 두 개의 마음, 곧 지각하는 마음과 생각하는 마음을 바탕으로 이루어진다.

사람이 지각하는 마음을 바탕으로 앎과 느낌을 차리는 일은 쉽게 이루어진다. 이러한 앎과 느낌은 거의 모든 것이 저절로 이루어진다. 예컨대 아기가 어떤 것을 입으로 빨거나 손으로 쥐는 것은 다른 사람이 도와주지 않아도, 스스로 빨고 쥐면서 배우고 익힌다. 아기는 그러한 과정에 얻어진 느낌과 앎을 스스로 차려 나가기 때문에 어른들은 이런 것을 애써 가르치려 하지 않는다.

이와 달리 사람이 생각하는 마음으로 앎과 느낌을 차리는 일은 매우 어렵다. 이러한 앎과 느낌은 다른 사람의 도움을 받는 가운데 꾸준히 배우고 익혀야 이루어질 수 있다. 예컨대 아기가 말을 배우고 익히는 것은 다른 사람의 도움으로 이루어진다. 아기는 사람들이 말을 거는 것을 끊임없이 들어봄으로써 말의 뜻을 배우고 익힌다. 이 때문에 어른들은 아기에게 적극적으로 말을 가르친다.

한국인이 '정신을 차리다'고 말할 때에 사람이 차리는 일은 주로 생각하는 마음으로써 가지게 된 갖가지 지식과 기술을 가지런히 엮어가는 것을 말한다. 생각하는 마음에 깃들어 있는 지식과 기술은 워낙 복잡하고 현란하게 뒤섞여 있어서 사람이 많은 힘을 들이지 않으면 제대로 차리기 어렵다. 사람은 갖가지 지식과 기술을 서로 사무치게 함으로써 정신을 맑고 밝게 차린다.

사람이 정신을 차리는 바탕은 말로써 뜻을 차리는 지식이다. 사람은 생각하는 마음으로 갖가지 것에 대한 앎을 갖게 되고, 그것을 지식으로 쌓아간다. 이러한 지식을 바탕으로 정신을 차린다.

한국인에게 정신은 있는 것, 없는 것, 맑은 것, 흐린 것, 바른 것, 틀린 것, 갖는 것, 놓는 것, 잃는 것, 나는 것, 드는 것, 나가는 것, 차리는 것, 쏟는 것 따위이다. 이러한 정신은 빛보다도 빠른 속도로 이리저리 모습을 바꾸어 옮아 다닌다. 한국인은 정신을 차려야 제대로 살아갈 수 있다.

한국인은 마음의 짜임이나 쓰임을 말할 때, '넋', '얼', '혼', '신', '정신'과 같은 낱말을 비슷한 뜻으로 널리 쓰고 있다. 이들 가운데서 '넋'과 '얼'은 토박이 낱말이고 '혼', '신,' '정신'은 한자에서 가져온 낱말이다.

한국인은 마음의 핵심을 넋으로 불러 왔다. '넋이 나가다', '넋을 놓고 있다'는 '정신이 나가다', '정신을 놓고 있다'는 말과 같은 뜻으로 쓰인다. 넋에 해당하는 한자 낱말은 '혼魂'과 '백魄'이다. 한국인은 혼과 백을 넋 혼, 넋 백으로 새겨 왔다. 혼魂은 물질성을 띠고 있지 않는 것인 반면에 백魄은 물질성을 띠고 있는 것을 말한다. 사람이 죽으면 혼魂은 위로 올라가고, 백魄은 아래로 흩어지는 것으로 여겨서 '혼비백산魂飛魄散'이라고 한다.

20세기 초에 신채호, 주시경, 박은식과 같은 이들은 혼과 백으로써 겨레의 정신과 문물을 설명하였다. 이들은 겨레가 나라를 잃음으로써 유형의 문물인 백을 지킬 수 없는 상황이 되더라도, 무형의 정신인 혼을 굳건히 차릴 수 있다면 겨레가 살아남을 수 있고, 언젠가 다시 유형의 문물을 되찾아 정신과 문물이 온전한 삶을 꾸려갈 수 있다고 보았다. 이들은 겨레가 어떠한 어려움에 처하더라도, 무형의 정신만은 굳건히 차려서 결코 빼앗기는 일이 없어야 한다고 외쳤다. 이들은 겨레가 정신을 차리는 바탕인 말과 글과 역사를 갈고닦는 일에 앞장을 섰다.

한국이 일본의 지배를 받던 1930년대에 정인보는 혼魂과 백魄을 넋과 얼로서 보고, 유형의 문물인 얼을 지켜야 한다는 주장을 폈다. 그는 조상이 물려준 서적, 그릇, 조각, 건물과 같은 문물이 하나둘 사라져가는 것을 안타깝게 여겨서 그것을 지킬 것을 호소하였다. 그런데 정인보가 문물을 얼이라고 말한 뒤로, 사람들은 문물에 담겨 있는 정신 또한 얼이라고 표현하기 시작하였다. 1969년에 정부에서 국민교육헌장을 선포하였을 때, '조상의 빛난 얼을 오늘에 되살려'라는 구절이 들어가자, 얼이 정신을 가리키는 뜻으로 널리 쓰이게 되었다.[33] 그리고 군대에서 정신을 차리도록 혼을 낸다는 뜻으로 써오던 일본말인 '기합氣合'을 '얼차려'라는 낱말로 바꾸어 쓰면서, 얼이라는 낱말이 정신을 뜻하는 낱말로써 점차 자리를 잡게 되었다.

한국말에서 넋은 사람이 어떤 것을 어떤 것으로 여기는 바탕을 말한다. 여기다의 옛말은 '넉이다/너기다/녀기다'로 넋과 넉이다는 뿌리를 같이하는 것으로 볼 수 있다. 사람은 넋을 바탕으로 어떤 것을 음식으로, 어떤 것을 흙으로, 어떤 것을 책으로, 어떤 것을 놀이로, 어떤 것을 가는 것으로, 어떤 것을 아픈 것으로 여길 수 있음으로써 음식, 흙, 책, 놀이, 가는 것, 아픈 것과 같

---

33) 정부에서 학생들에게 국민교육헌장을 외우도록 하고, 기념식이나 행사 때마다 읽도록 함으로써 얼이라는 낱말이 널리 퍼지게 되었다.

은 것에 대한 앎과 느낌을 가질 수 있다. 사람은 이러한 앎과 느낌을 가지고 정신을 차려 나감으로써 속, 염치, 체면, 예의, 실리, 실속, 살림, 가게, 회사 따위를 차려 나갈 수가 있다.

사람이 넋을 바탕으로 어떤 것을 어떤 것으로서 여기는 것에는 두 가지 마음이 있다. 하나는 지각하는 마음으로써 감각 자료를 바탕으로 어떤 것을 어떤 것으로서 여기는 것이고, 다른 하나는 생각하는 마음으로 언어 자료를 바탕으로 어떤 것을 어떤 것으로서 여기는 것이다. 사람은 지각하는 마음으로 여기는 것을 터전으로 삼아, 생각하는 마음으로 여기는 단계로 넘어감으로써 지각의 세계에서는 볼 수 없는 온갖 것들을 새롭게 여겨갈 수 있게 된다. 예컨대 사람은 ~다운 것, 끝이 없는 것, 더 할 수 없는 것 따위에 대한 앎과 느낌을 가질 수 있다.

한국인은 어떤 것을 어떤 것으로 여기는 것은 두 가지로 말한다. 하나는 헤아림으로써 여기는 것이고, 다른 하나는 어림으로써 여기는 것이다.

사람이 헤아림으로써 여기는 것은 사람이 어떤 것의

속을 이루고 있는 알짜를 먹어 보고서 혀로써 맛깔을 여기는 것을 말한다. 이 때문에 사람이 헤아림으로써 여기는 것에서 얻는 앎과 느낌은 매우 확실하다. '둘이 먹다가 하나가 죽어도 모른다'고 말할 정도로 직접적이고 강렬하다.

반면에 사람이 어림으로써 여기는 것은 사람이 어떤 것의 밖을 이루고 있는 거죽을 쳐다보고서 얼굴34)을 여기는 것을 말한다. 이 때문에 사람이 어림으로써 여기는 것에서 얻는 앎과 느낌은 겉만 보고서 대충 짐작해 보는 것에 머무른다. 어림짐작이나 어림수에 따른 것은 '같은 값이면 다홍치마'라고 말할 수 있는 정도에 지나지 않는다.

정인보가 백魄으로서 말한 얼은 형상에 바탕을 둔 '얼굴', '어림/얼임', '어림하다/얼임하다', '어림수/얼임수', '어루/얼우', '얼추' 따위와 연결되어 있다. 이러한 얼은

---

34) 얼굴의 옛말은 '얼굴/얼골'이다. 얼굴은 처음에 주로 어떤 것이 지니고 있는 모습, 형상, 형태를 뜻하는 말로 쓰였고, 나중에 낯을 뜻하는 얼굴로 널리 쓰이게 되었다. 오늘날 머리에 있는 얼굴을 가리키는 것은 본디 '낯' 또는 '낯짝'이었다. 얼이 형상으로서 눈으로 보는 것과 관계가 있는 것은 '눈에 어른거리다', '눈에 어리다'와 같은 것에서도 볼 수 있다.

사람이 눈으로써 겉으로 드러난 얼굴을 보고서 여기는 것에 바탕을 두고 있다. 이 때문에 이러한 얼은 넋과 크게 다르다. 예컨대 '넋이 나가다'에서 넋은 나가거나 들어가는 것을 말하고, '얼이 빠지다'에서 얼은 차거나 빠지는 것을 말한다.[35] 넋은 물질성을 갖지 않은 것이기 때문에 순간적으로 나가고 들어갈 수 있지만, 얼은 물질성을 가진 것이기 때문에 시간이 걸려야 들어가거나 빠질 수 있다.

한국인은 사물이 본디 가지고 있는 힘을 '신'이라고 불러 왔다. 바람, 바위, 나무, 짐승, 사람과 같은 사물이 모두 신령한 힘을 가질 수 있다. 그리고 한국인은 신령한 힘이 깃들어 있는 바탕을 '감'이라고 말한다. 먹잇감, 땔감, 물감, 일감, 놀잇감, 장난감, 상감, 대감, 영감, 신랑감 따위로 말하는 감이 그것이다.[36] 한국인은 감을

---

35) 얼과 비슷한 것으로 '열'이 있다. 열은 쓸개를 뜻하는 것으로서 '얼빠진 놈'은 '쓸개 빠진 놈'과 비슷한 뜻을 지니고 있다.

36) 한국말에서 상감, 대감, 영감, 땔감, 물감, 일감 따위로 말하는 감과 그것에 깃들어 있는 신의 관계는 일본말에서 그 자취를 엿볼 수 있다. 한국말에는 신을 뜻하는 토박이 낱말이 사라지고 없는 것과 달리 일본에는 신을 뜻하는 토박이 낱말 가미ㅎㅈ가 살아 있다. 일본인은 모든 사물에 신이 깃들어 있다고 생각하여, 사물을 신으로 모시는 버릇을 갖고 있다. 그런데 일본말에서 신

바탕으로 신이 들게 되면 신바람을 내게 된다.

한국인은 사람에서 볼 수 있는 것과 같이 특별히 뛰어난 신을 '넋'이라고 말한다. 넋은 혼백魂魄이나 영혼靈魂에 해당한다. 또한 넋에서 생겨나는 마음의 쓰임을 정신이라고 부른다. 정신은 '정精에 깃든 신神' 또는 '정精을 가진 신神'으로서 밖으로 모습을 드러낸다. 정신은 갖가지 모습으로 드러나기 때문에 사람들은 정신을 있는 것, 없는 것, 갖는 것, 놓는 것, 잃는 것, 나는 것, 드는 것, 나가는 것, 빠지는 것, 차리는 것, 쏟는 것 따위로 말한다.

한국인이 말하는 정신의 성질을 정리해보면 다음과 같다.

첫째, 사람은 정신이 있을 수도 있고, 없을 수도 있다. 사람은 정신이 있어야 어떤 것을 느끼고 알 수 있다. 정신이 없으면 느끼고 알지 못한다.

둘째, 사람은 정신이 들 수도 있고, 나갈 수도 있고,

을 뜻하는 가미는 한국말의 '감+이'에 뿌리를 둔 것으로 볼 수 있다. 일본인은 감을 임자로 일컫는 '감이'로써, 감에 깃들어 있는 신을 일컫는 말로 써 왔다고 볼 수 있다.

빠질 수도 있다. 사람은 정신이 들어야 어떤 것을 마주하여 느끼고 알 수 있다. 사람은 정신이 나가거나 빠지면 어떤 것을 마주하는 일을 할 수 없다.

셋째, 사람은 정신을 가질 수도 있고, 놓을 수도 있고, 잃을 수도 있다. 사람은 정신을 가져야만 임자로서 어떤 것을 다룰 수 있다. 정신을 놓거나 잃으면 임자로서 어떤 것을 다룰 수 없다.

넷째, 사람은 정신을 빼앗을 수도 있고, 정신을 빼앗길 수도 있다. 사람은 정신을 빼앗거나 빼앗김으로써 정신이 없는 상태가 되면 다른 것에 휘둘리게 된다.

다섯째, 사람은 정신을 모을 수도 있고, 흩을 수도 있다. 사람은 정신을 모으면 뜻과 힘을 오로지 할 수 있고, 정신을 흩으면 뜻과 힘을 오로지할 수 없다.

여섯째, 사람은 어떤 것에 정신을 쏟을 수도 있고, 그렇지 않을 수도 있다. 사람은 정신을 쏟음으로써 어떤 것을 깊이 파고들 수 있다.

일곱째, 사람은 정신을 차릴 수도 있고, 그렇지 않을 수도 있다. 사람은 정신을 차림으로써 모든 것을 하나로 가지런하게 할 수 있다.

정신을 차림

사람이 정신을 차리는 일은 아무렇게나 이루어지는 일이 아니다. 그것이 아무렇게나 이루어질 수 있다면 모든 사람이 다 정신을 차리고 살아갈 것이다.

정신을 차리는 일은 자아, 존재, 세계, 관계, 행동, 논리, 욕망 따위에 대한 깨달음에 바탕을 둔 정밀한 차림판 위에서 이루어진다. 사람이 이러한 차림판을 제대로 갖추지 못하면 아무리 애를 써도 정신을 차리기 어렵다.

사람이 정신을 차리는 차림판은 말을 함께하는 사람들이 오랫동안 사람답게 살아보기 위해서 갈고닦아 놓은 것이다. 때가 지남에 따라서 조금씩 달라지기도 하지만, 말이 바뀌지 않는 한 줄기차게 이어지고 있다. 낱낱의 사람들은 저마다 이러한 차림판을 바탕으로 삼아서 정신을 차리는 까닭에 차림판이 부서지거나 허물어지게 되면 아무리 애를 써도 정신을 차리기 어렵다.

정신을 차리는 일은 주로 말에 바탕을 둔 생각으로 이루어진다. 이 때문에 말이 이리저리 헷갈리는 상황에 놓이면 정신의 차림판이 갈라지면서 사람들이 정신을 차리기 어렵다. 예컨대 사람들이 생활에서는 딸기나 토

마토를 과일이라고 말하면서 교과서에서는 야채라고 말하는 상황에 놓이면 차림판이 갈라지면서 정신을 차리기 어렵게 된다. 그리고 요즈음의 한국사회처럼 토박이말과 외래말을 이것저것 뒤섞어서 말의 뜻을 제대로 알 수 없게 되는 상황에 놓이면 차림판이 갈라지면서 정신을 차리기 어렵게 된다. 예컨대 한국인은 한국말 차림판에서 '우리'가 어떤 뜻을 지니고 있는지 제대로 살펴보지도 않은 상태에서, '우리'를 영국말의 차림판에 비추어서 한국인이 '우리 마누라'라고 말하는 것은 잘못된 일이라고 주장하는 일을 곧잘 한다.

사람이 정신을 똑바로 차릴 수 있기 위해서는 정신의 차림판을 제대로 갖출 수 있도록 말의 뜻을 잘 알아야 한다.

우리는 말의 뜻을 크게 두 가지로 나누어 볼 수 있다. 하나는 사람들이 일상에서 배우고 쓰는 생활의미이고, 다른 하나는 사람들이 말을 만들어 나온 생성의미이다. 생활의미와 생성의미를 함께 알아야 말의 뜻을 제대로 알 수 있고, 이를 바탕으로 정신의 차림판을 제대로 갖출 수 있다.

사람이 태어나서 말을 처음으로 배우는 것은 생활의 미를 바탕으로 이루어진다. 어린 아기는 생활에서 쓰이는 생활의미를 바탕으로 말을 배우고 쓴다.

사람은 말의 뜻을 깊이 알아가면서 생성의미에 눈을 뜨게 된다. 생성의미를 통해서 겨레가 오랫동안 함께 갈고닦아 온 정신의 차림판을 들여다볼 수 있게 된다. 이로써 겨레가 사람답게 살아보기 위해서 가꾸어놓은 재주와 슬기를 잘 배우고 쓸 수 있다.

생성의미가 겉으로 드러나 있는 말인 경우에는 사람들이 그것을 쉽게 알아차릴 수 있다. 예컨대 한국인은 '읽어보다', '먹어보다'와 같은 말을 배우고 쓰는 과정에 읽어보다는 읽다와 보다를, 먹어보다는 먹다와 보다를 어우른 말임을 쉽게 알아차리게 된다. 또한 한국인은 '열다'와 '밀다'와 '닫다'를 배우고 쓰는 과정에 여닫이가 열다와 닫다를, 미닫이가 밀다와 닫다를 어우른 말임을 쉽게 알아차리게 된다. 그러나 생성의미가 겉으로 드러나 있지 않은 말인 경우에는 사람이 그것을 쉽게 알아차릴 수가 없다. 예컨대 한국말을 깊이 파고들지 않는 한, '버릇'이 '배다'에 뿌리를 두고 있으며[37], '어른'이

'얼운'에 뿌리를 두고 있음을 알 수가 없다. 이런 경우에는 말을 깊이 있게 묻고, 따지고, 풀어 보아야 생성의 미를 제대로 알아낼 수가 있다.

학자들조차 한국말의 생성의미를 묻고, 따지고, 푸는 일을 하지 않기 때문에 한국인은 말의 뜻을 오로지 생활의미로만 배우고 쓴다. 이 때문에 한국인은 어떤 말이든 생활 속에서 익숙하게 배운 말을 더욱 뜻있고 좋은 것으로 여기는 일이 많다. 예컨대 오늘날 한국인은 '고맙다'가 갖고 있는 생성의미를 알지 못하기 때문에 '고맙다' 보다 '감사하다'나 '땡큐'를 더욱 뜻있고 좋은 것으로서 배우고 쓰는 일이 많다. '고맙다'가 남을 높이고 받드는 '고마', '고마하다'에 뿌리를 두고 있음을 알게 되면 '고맙다'가 '감사하다'나 '땡큐'보다 더욱 뜻있고 좋은 것임을 알게 된다.

한국인은 생성의미에 깜깜하기 때문에 말을 건성으로 배우고 쓴다. 이러니 겨레가 사람답게 살아보려고 오랫동안 말로써 가꾸어 온 재주와 슬기를 제대로 살려서

---

37) 옛말에서 '배다'는 '빈다'이고, '버릇'은 '비홋'이다. 비홋은 어떤 것이 몸이나 마음에 빈안 것을 말한다.

쓸 수 없다. 한국인 가운데 정신의 차림판을 온전히 갖추어 살아가는 사람을 찾아보기 어려운 것도 이 때문이다. 한국인이 사람다움에 대한 꿈을 이루어보고자 열심히 노력하여 많은 것을 해내지만 결국에는 허사로 끝나는 일이 많다. 오늘날 한국인이 스스로 목숨을 끊는 일이 세계1위인 것도 이러한 것과 깊이 연관되어 있다.

15. 마음 그릇

사람은 세상에 대한 갖가지 것들을 알아가는 과정을 통해서 염치, 체면, 예의, 살림, 밥상, 가게, 회사, 나라 따위를 차릴 수 있는 정신의 차림판을 만든다. 사람이 정신의 차림판을 더욱 낫게 만들기 위해서는 갖가지 것들에 대한 앎을 깊고 넓게 만들어야 한다. 이 때문에 정신의 차림판을 키우고자 하는 사람들은 끊임없이 알아보고, 알아듣고, 알아내는 일에 힘을 쓴다.

사람이 정신의 차림판을 만드는 것은 떨림에서 생겨나는 맛을 느끼기 위해서이다. 이 때문에 아무리 좋은 차림판이 있어도 떨림에서 생겨나는 맛을 느끼지 못하면, 아무것도 할 수 없다. 사람이 맛을 잃어버리면 아무것도 할 수 없는 상태에 빠지는 것은 이러한 까닭이다.

사람은 정신의 차림판을 바탕으로 나의 밖에 있는 다른 것과 함께할 수 있는 떨림판을 만들어 나간다. 떨림판을 통해서 남과 하나가 됨으로써 남을 알아주고 도와주는 일을 할 수 있다. 이 때문에 사람은 떨림판을 가져야 다른 것과 어울려서 하나의 우리를 이룰 수 있다.

사람은 차림판과 떨림판으로 이루어진 마음의 그릇을 가지고 온갖 것을 알아내고, 알아주고, 알아하는 일을 할 수 있게 됨으로써 사람으로서 살아갈 수 있다.

한국인은 차림판과 떨림판으로 이루어진 마음의 그릇을 통과 같은 것으로 보아서 '마음보', '심보', '염통', '심통' 따위로 말해 왔다. 마음보는 '마음'과 '보'가 어울린 낱말로 마음이 담겨 있는 보자기를 뜻하고, 심보는 '심心'과 '보'가 어울린 낱말로 마음보와 같은 뜻을 갖고 있으며, 염통은 '염念'과 '통筒'이 어울린 낱말로 마음에서 생각이 일어나는 바탕인 심장心臟을 뜻하고, 심통은 '심心'과 '통筒'이 어울린 낱말로 마음에서 심술이 일어나는 마음보를 뜻한다.

한국인은 마음의 통이 커서 일을 크게 벌이는 사람을 통 큰 사람이라고 말한다.[38] 통 큰 사람은 마음이 큰 사람을 뜻한다. 한국인은 마음이 커야 다른 것과 함께 잘 어울릴 수 있다고 보아서 '덕德'을 큰 덕으로, 인仁을 클 인으로 새겨 왔다. 이때 덕은 사람이 마음을 크게 이루는 바탕을 말하고, 인은 사람이 마음을 크게 이루어 나가는 뜻과 일을 말한다.

한국인이 마음의 그릇을 통이라고 표현하는 것은 마음을 나와 남이 함께 떨고 우는 울림통으로 보았기 때문이다. 마음보, 심보, 염통, 심통은 모두 나와 남이 함께 떨고 우는 마음의 울림통을 말한다.

한국인은 마음의 울림통이 떨고 울어서 나와 남이 함께 어울려 살아가는 판을 '살판'이라고 말한다. 사람들은 마음의 울림통이 제대로 떨고 울어서 일이 제대로 잘 풀려나갈 때, '살판이 났다'라고 말하고, 그렇지 못할 때, '죽을 판이다'라고 말한다. 사람들은 언제나 살판이 나기를 기다린다.

한국인이 말하는 마음의 울림통은 수직으로 펼쳐진 차림판과 수평으로 펼쳐진 떨림판이 하나의 통을 이루

---

38) 한국인은 두려움이나 무서움을 모르는 사람을 간 큰 사람이라고 말한다.

어 안팎에서 주어지는 대상들과 더불어 떨고 우는 것을 말한다. 사람은 울림통이 잘 떨고 울 수 있도록 준비되어 있을 때, 사람답게 사는 일을 잘 해낼 수 있다.

사람이 마음의 울림통을 떨고 우는 것은 크게 두 가지로 나눌 수 있다. 하나는 저마다 따로 하는 임자로서 마음의 울림통을 떨고 우는 것이고, 다른 하나는 우리로서 함께하는 임자로서 마음의 울림통을 떨고 우는 것이다.

사람이 몸을 바탕으로 호흡하고 섭취하는 것은 언제나 반드시 이루어져야 하는 일이다. 사람이 이것을 제대로 하지 못하면 목숨을 이어갈 수 없다. 이런 까닭에 사람은 호흡이나 섭취하는 일에 따르는 모든 것을 오로지 나의 뜻에 따르는 대상으로서 다루고 싶어 한다. 예컨대 사람은 호흡이나 섭취에 따르는 공기나 음식을 오로지 나의 뜻에 따르는 대상으로서 다루고 싶어 한다. 이런 까닭에 사람은 살아서 꿈틀거리는 낙지를 입에 넣어서 맛있게 씹어 먹을 수 있다. 사람은 낙지를 대상으로만 다루기 때문에 낙지가 임자로서 겪는 고통에 대해 아무런 느낌도 갖지 않는다. 이런 경우에 한국인은 '나는 공기를 마신다', '나는 음식을 먹는다'와 같이 말한다. 이때 나는 저마다 따로 하는 임자로서 공기나 음식에 대해서 혼자 떨고 운다.

그런데 사람은 경우에 따라서 공기나 음식을 나와 함께하는 임자로서 마주하고자 할 수도 있다. 내가 공기나 음식을 나의 뜻대로 다루고 있지만, 그것이 나라는 존재에 대해서 갖고 있는 깊은 뜻을 생각하여, 그것을 임자로 끌어올려 함께 마주할 수도 있다. 그렇지만 한국인은 그러한 것을 임자로 삼아서 '나와 공기는 마신다', '나와 음식은 먹는다'라고 말하지 않는다.

사람이 마음을 바탕으로 교제, 교류, 교육하는 것과 같은 것은 때에 따라서 더할 수도 있고, 덜할 수도 있는 일이다. 사람이 이것을 제대로 하지 못하면 어려움은 생기지만, 목숨이 끊어지는 것은 아니다. 그리고 이러한 것은 이쪽과 저쪽이 마음으로 하나가 되는 과정으로 이루어지는 까닭에 모든 것을 나의 뜻에 따르는 대상으로 다룰 수가 없다. 예컨대 사람은 교제나 교류에 따르는 상대를 오로지 나의 뜻에 따르는 대상으로 다룰 수가 없다. 저쪽이 나와 같은 임자이기 때문이다. 이런 경우에 한국인은 '나와 그는 교제한다', '나와 그는 교류한다', '우리는 교제한다', '우리는 교류한다'와 같이 말한다. 이때 나는 우리로서 함께하는 임자로서 상대와 함께 떨고 운다.

그런데 사람은 경우에 따라서 저마다 따로 하는 임자로서 교제나 교류의 대상을 다루고자 할 수도 있다. 내가 교제나 교류의 상대를 임자로서 마주하고 있지만, 그것을 나의 뜻대로 다룰 수 있는 대상으로 끌어내리고자 할 수 있다. 그렇지만 한국인은 그러한 상대를 대상으로 끌어내려서 '나는 그를 교제한다', '나는 그를 교류한다'라고 말하지 않는다.

사람은 저마다 마음에 갖추어진 울림통이 다르기 때문에 살아가는 것 또한 다르다. 사람에 따라서 마음의 울림통이 어떻게 다를 수 있는지 몇 가지로 나누어보면 대략 다음과 같다.

첫째, 어떤 사람은 마음의 울림통을 이루고 있는 차림판과 떨림판이 고루 어울려 있다. 이러한 경우에는 울림통의 크기에 따라서 울림통이 넓고 깊은 경우와 좁고 작은 경우로 나눌 수 있다. 예컨대 우리가 흔히 성인聖人이라고 부르는 이들은 울림통이 넓고 깊은 경우에 해당하고, 아기처럼 느낌과 앎이 크게 자라지 못한 경우에는 울림통이 좁고 얕은 경우에 해당한다.

둘째, 어떤 사람은 마음의 울림통을 이루고 있는 차림판과 떨림판이 고루 어울려 있지 못하다. 이런 경우에는 차림판보다 떨림판이 작은 경우와 차림판보다 떨림판이 큰 경우로 나눌 수 있다. 예컨대 차가운 사람은 차림판보다 떨림판이 작은 경우에 해당하고, 포근한 사람은 차림판보다 떨림판이 큰 경우에 해당한다. 그리고 이런 경우에는 차림판이나 떨림판이 특정한 영역으로 치우쳐 있는 것을 볼 수 있다. 예컨대 어떤 사람은 울림통이 저마다 따로 하는 차림판으로 치우쳐 있고, 어떤 사람은 우리로서 함께하는 차림판에 치우쳐 있는 것을 볼 수 있다.

사람이 사람답게 살아가기 위해서는 마음의 울림통을 이루고 있는 차림판과 떨림판을 모두 크게 키울 수 있어야 한다. 그래야 나의 밖에 있는 남과 어울려서 함께 큰 사람을 이루는 길로 나아갈 수 있다. 이를 위해서 어진 마음을 넓히고, 모진 마음을 줄여 나가야 한다.

16. 감과 잡기

 사람이 어떤 것을 마주하게 되면 몸과 마음을 통해서
대상에 대한 느낌과 앎을 갖는다. 즉, 몸에서 얻은 느낌
이 마음에서 앎을 갖추면서, 사람은 대상에 대한 느낌
과 앎을 아울러 갖는다. 이런 까닭에 몸과 마음에서 일
어나는 느낌과 앎은 언제나 하나로서 어우러져 있다.
더욱이 사람이 대상에 대한 느낌과 앎을 말에 담아서
생각으로 풀어내는 경우에 더욱 그러하다. 예컨대 사람
이 '섭섭하다'고 말할 때, 섭섭함은 사람이 어떤 것에
대한 느낌을 섭섭한 것으로 알아서 그것을 말로써 여긴
것을 일컫는다.[39]

---

39) 말의 짜임새와 쓰임새는 논리적 관계를 바탕에 깔고 있다. 이는
   사람이 말을 배우고 쓰는 일이 논리적 관계에 대한 앎을 전제로

한국인은 임자와 대상의 마주함에서 비롯하는 느낌과 앎을 하나로 싸잡아서, 그것을 '감'이라고 일컫는다. 한국인이 '감이 있다', '감이 온다', '감이 잡힌다', '감을 잡았다' 따위로 말하는 감이 그것이다. 이러한 감은 감을 잡는 임자와 감이 잡히는 대상 사이에 오고가는 앎과 느낌의 통합체를 말한다. 이 때문에 대상에 대한 감은 언제나 어느 순간에 통째로 일어나게 된다.

한국인은 감이 오고, 감이 잡히고, 감을 잡는 대상을 감이라고 말한다. 일감, 놀잇감, 장난감, 먹잇감, 땔감, 물감, 장군감, 신랑감 따위로 일컫는 감이 그것이다. 이러한 감은 본디 ᄀᆞ임 또는 ᄀᆞ음으로 일컬었는데, 소리가 바뀌고 줄어서 감으로 일컫게 되었다. ᄀᆞ임은 한자로 도구道具, 재료材料, 자료資料 따위로 풀이되어 왔다.

한국인이 일감, 놀잇감, 장난감, 먹잇감, 땔감, 물감, 장군감, 신랑감 따위로 일컫는 감은 일이 벌어지는 바탕을 갖고 있는 어떤 것을 가리킨다. 예컨대 땔감은 불을 땔 수 있는 바탕을 갖고 있는 어떤 것을, 물감은 물

이루어지고 있음을 말한다. 이 때문에 사람이 말의 세계로 들어오면 느낌은 언제나 앎과 하나를 이룬다.

을 들일 수 있는 바탕을 갖고 있는 어떤 것을 가리킨다. 마찬가지로 장군감은 장군으로 구실할 수 있는 바탕을 갖고 있는 어떤 것을, 신랑감은 신랑으로 구실할 수 있는 바탕을 갖고 있는 어떤 것을 가리킨다.

사람이 불을 때는 일을 벌이기 위해서는 불을 땔 수 있는 바탕을 갖추고 있는 어떤 것, 곧 땔감이 있어야 한다. 그런데 땔감이 있더라도, 사람이 그것이 땔감이라는 것에 대해서 아무런 감도 잡을 수 없다면, 불을 때는 일은 일어날 수 없다. 이런 까닭에 한 번도 불을 때보지 않은 사람은 아무리 많은 땔감이 있어도, 그것에 대해서 감을 잡지 못하기 때문에 불을 때는 일을 벌일 수가 없다. 이는 어떤 것이 감으로 쓰이기 위해서는 반드시 그것에 대해 감을 잡을 수 있는 임자가 있어야 함을 말하고, 이는 또한 어떤 것이 임자로서 구실하는 일이 감을 잡는 일에서 비롯하고 있음을 말한다.[40]

---

40) '감 잡다'는 일의 대상을 뜻하는 'ㄱ옴'과 임자가 일을 다루는 것을 뜻하는 'ㄱ옴알다'에 뿌리를 둔 낱말이라고 할 수 있다. ㄱ옴알다는 감을 알아서 일을 처리하는 것으로서 典典, 장掌, 관管, 사司, 주主 따위의 뜻으로 두루 쓰였다. '감 잡다'는 장과 주의 뜻에 가깝다.

사람이 어떤 것에 대해 감을 잡는 일은 지각하는 마음의 단계에서 비롯한다. 사람은 감각하는 몸에서 얻어진 감각 자료를 바탕으로 지각하는 마음을 통해서 물건이나 사건에서 볼 수 있는 모양, 재질, 빛깔, 색깔, 때깔, 시간, 공간, 관계, 변화 따위에 대해서 감을 잡아 나간다. 이런 까닭에 갓 태어난 아기도 지각하는 마음을 바탕으로 여러 가지 것들에 대해서 감을 잡아 나간다. 아기는 빠는 것, 만지는 것, 기는 것 따위에 대해서 감을 잡음으로써 스스로 뜻을 내거나 두는 일이 늘어난다.

　지각이 감각에 바탕을 두는 까닭에 지각하는 마음으로 감을 잡는 일은 언제나 감각할 수 있는 것 안에서 이루어진다. 그런데 사람, 개, 돼지, 벌, 나비가 모두 지각하는 마음으로 대상에 대해서 감을 잡지만, 감각에 다름이 있기 때문에 지각으로 감을 잡는 일 또한 다름이 있다. 예컨대 사람이 눈으로 보는 것과 벌이 눈으로 보는 것이 다르고, 사람이 코로 냄새를 맡는 것과 개가 코로 냄새를 맡는 것이 다른 까닭에 사람과 벌이 눈으로, 사람과 개가 코로 감을 잡는 일이 서로 달라진다.

　사람은 태어나 자라면서 말을 배우고 쓰게 됨에 따라

서, 지각에서 얻은 갖가지 감을 말에 담아서 생각으로써 감을 잡아 나간다. 예컨대 사람은 지각에서 얻은 형태, 재질, 빛깔, 색깔, 때깔, 시간, 공간, 관계, 변화 따위에 대한 감을 말에 담아서 '네모지고, 단단하고, 푸르고, 작은 것이 책상 위에 있다', '크고 둥글고 매끌매끌한 것이 방바닥에 굴러가고 있다'와 같은 생각으로써 감을 잡는다.

사람이 낱말로써 문장을 엮어서 생각을 끝없이 펼쳐 나갈 수 있는 까닭에, 생각으로써 감을 잡는 일 또한 끝없이 펼쳐나갈 수 있다. 예컨대 사람은 참인 말과 거짓인 말, 말 같은 말과 말 같지 않은 말, 있는 그대로의 말과 부풀린 말, 말이 되는 말과 말이 안 되는 말 따위를 바탕으로 갖가지로 감을 끝없이 잡아 나갈 수 있다. 이런 까닭에 생각으로써 감을 잡게 되면, 지각 단계에서는 볼 수 없는 갖가지 일들이 새롭게 벌어지게 된다. 사람은 생각의 힘에 기대어 '수백만 킬로미터나 떨어진 곳에 있는 사람과 입맞춤을 하는 짜릿함'에 대한 감을 잡을 수도 있고, '하늘을 나는 코끼리를 타고 가는 일'에 대한 감을 잡을 수도 있고, '죽은 뒤에도 살아 있는

사람'에 대한 감을 잡을 수도 있다. 사람은 이러한 감을
바탕으로 그러한 것에 대해 뜻을 내고, 두고, 이루고자
하는 일을 한다.

사람이 생각으로써 감을 잡는 일은 낱말로써 문장을
엮어서 뜻을 담아낼 수 있는 만큼 이루어진다. 이런 까
닭에 같은 말을 쓰더라도 말이 익숙한 사람과 서툰 사
람, 정밀한 사람과 엉성한 사람이 있다. 사람에 따라서
낱말로써 문장을 엮어서 뜻을 담아내는 일에 다름이 있
기 때문에 생각으로써 감을 잡는 일에서도 다름이 있다.
말이 치밀하고 익숙하면 생각으로써 감을 잡는 일 또한
치밀하고 익숙하게 이루어지는 반면에 말이 성글고 서
툴면 생각으로써 감을 잡는 일 또한 성글고 서툴게 이
루어진다.[41)]

한국말, 중국말, 영국말처럼 말이 서로 다른 경우에는
낱말로써 문장을 엮어서 뜻을 담아내는 일이 매우 다를
수 있기 때문에 생각으로써 감을 잡는 일 또한 매우 달
라질 수 있다. 예컨대 한국인과 영국인과 중국인은 이

---

41) 말을 처음으로 배우는 단계에 있는 아기들의 경우에는 말이 서
툴고 성글기 때문에 생각으로 감을 잡는 일 또한 서툴고 성글다.

쪽과 저쪽으로 이루어진 사람의 관계를 풀어내는 말의 정교함이 다르다. 한국인은 대개 열한 가지로 나누어 나, 저, 저희들, 우리, 우리들, 너, 너희들, 그, 그들, 남, 남들로써 감을 잡는다. 중국인은 대개 여섯 가지로 나누어서 我[나], 我們[나들], 你[너], 你們[너들], 他[그], 他們[그들]으로써 감을 잡고, 영국인도 대개 여섯 가지로 나누어서 I[나], We[우리들], You[너, 너희들], He/She[그/그녀], They[그들], Others[나머지]로써 감을 잡는다.

사람은 말을 가지런하고 촘촘하게 해야 생각으로써 감을 잡는 일 또한 가지런하고 촘촘하게 할 수 있다. 사람이 오랫동안 갖가지 것들을 두루 공부하는 것은 생각으로써 감을 잡는 일을 더욱 촘촘하고 가지런하게 하기 위해서이다. 더욱이 전문분야로 들어갈수록 더욱 그러하다. 예컨대 수학자들은 복잡한 수식에 뜻을 담아서 생각을 펼칠 수 있기 때문에 일반인들이 풀기 어려운 것들을 척척 풀어낸다. 이런 까닭에 수식으로 감을 잡는 일에 서툴거나 어두운 사람은 자연히 수학을 꺼려하거나 싫어하게 된다.

한국인은 사람이 생각으로써 감을 잘 잡아낼 때, '똑

똑하다'고 말한다. 똑똑한 사람은 말을 또렷하고 분명하게 하는 까닭에 말을 하는 사람과 듣는 사람이 서로 뜻을 정확하게 주고받을 수 있다. 사람은 똑똑함을 바탕으로 사물의 이치를 밝힐 수 있고, 이것과 저것의 셈을 정확하게 헤아릴 수 있다. 사람이 똑똑하게 되지 못하면 '흐릿한 사람', '멍청한 사람', '띨띨한 사람', '어리석은 사람'으로 남게 된다.

사람이 똑똑하게 되기 위해서는 무엇보다도 감을 잡아내는 바탕이 되는 말, 즉 자기네 말(모국어)을 제대로 배우고 쓸 수 있어야 한다. 사람은 모국어에 대한 뿌리가 튼튼하지 못하면 아무리 공부를 많이 하더라도 생각을 깊고 넓게 펼칠 수가 없는 까닭에 감을 잡는 일 또한 잘 할 수가 없다. 이 때문에 사람을 똑똑하게 키우는 일에서 가장 중요한 것은 모국말에 대한 뿌리를 튼튼하게 만드는 일이다. 이런 점에서 한국인이 자기네 말에 대한 뿌리를 튼튼하게 만드는 일은 다른 어떤 일보다도 중요하다.

17. 한국인과 우리주의

한국인은 내가 작은 나인 저의 단계를 넘어서 큰 나인 우리의 단계로 나아감으로써, 나를 사람답게 만들 수 있다고 보았다. 한국인에게 우리는 사람다움에 대한 꿈을 이루어가는 바탕과도 같다. 이런 까닭에 내가 어떠한 우리를 삶의 목표로 삼느냐 하는 것이 무엇보다도 중요하다. 내가 우리 가족, 우리 이웃, 우리 학교, 우리 회사, 우리 겨레, 우리 세계 가운데서 어떠한 우리를 어떻게 엮어서 살아가느냐에 따라서 나의 사람됨이 달라지고, 내가 이루는 사람다움이 달라진다.

나와 남이 하나의 우리를 이룸으로써 한국인은 나를 위하는 일과 남을 위하는 일을 우리를 위하는 일로 만들어 나갈 수 있다. 나와 남이 우리로서 함께하기에 이쪽 또는 저쪽이 더할 수도 있고, 덜할 수도 있다. 이런 까닭에 한국인은 우리를 통해서 주체와 객체의 이분법에서 비롯하는 이기利己[나를 위하는 일]와 이타利他[남을 위하는 일]의 이분법을 쉽게 넘어설 수 있다. 그러나 중국인의 경우에는 우리라는 말이 없기 때문에 나와 남으로 나누어진 이기와 이타의 이분법을 넘어서기 어렵다.

한국인이 우리를 바탕으로 함께 어울려 살아가는 것을 우리주의라고 부를 수 있다. 우리주의는 낱으로서 따로 하는 저가 아니라 모두로서 함께하는 우리를 나의 바탕으로 삼는다. 한국인은 이러한 나를 우리가 함께 살아가는 집이라는 공간에 담아서 가家라고 표현한다. 예컨대 한국인은 나를 가家에 담아서 전문가專門家, 일가一家, 대가大家 따위로 말한다. 내가 바라는 것은 전문가專門家가 되어서 일가一家를 이루어 대가大家가 되는 것이다. 내가 큰 사람이 되는 일은 나와 남이 함께 어울려 살아갈 수 있는 큰 집을 만드는 일이다. 이를 위해서 나는 대정치가, 대자본가, 대사업가, 대예술가, 대운동가 따위를 꿈꾸게 된다.

한국인에게 볼 수 있는 우리주의는 우리가 밖으로 열

려 있느냐, 아니면 안으로 닫혀 있느냐에 따라서 열린 우리주의와 닫힌 우리주의로 나눌 수 있다.

열린 우리주의는 우리의 안에 있는 것을 고루고루 하면서, 밖에 있는 것까지 두루두루 하려고 한다. 열린 우리주의는 우리의 밖에 있는 것까지 두루두루 하려고 하기 때문에 모든 것을 임자로서 받아들인다. 단순히 대상으로 다루어야 하는 것까지 임자의 자격을 부여한다. 열린 우리주의에서 우리는 두루두루 하는 것을 통해서 겹겹이 동심원을 그리면서 밖으로 계속 뻗어 나간다. 이때 나는 열린 우리주의를 바탕으로 모든 것과 함께 어울리는 가장 큰 나로 나아갈 수 있다. 나는 열린 우리주의를 통해서 우주적인 나를 맛볼 수도 있다.

닫힌 우리주의는 우리 안에 있는 것을 고루고루 하면서 밖에 있는 것을 그냥 대상으로서 다룬다. 닫힌 우리주의에서는 우리 안에 있는 것만이 임자로서 자리할 수 있는 까닭에 무엇이든지 임자로 자리하기 위해서는 반드시 우리 안으로 들어가야 한다. 우리 안에 있는 임자들만 함께하는 것이 끼리끼리이다. 닫힌 우리주의는 우리끼리만 하기 때문에 서로 다른 우리가 만나게 되면 이쪽과 저쪽으로 편을 갈라서 부딪치고, 싸우고, 다투게 된다.

한국인에게서 볼 수 있는 열린 우리주의와 닫힌 우리 주의는 2010년 무렵에 부모와 학부모의 참된 구실을 일 깨우려고 텔레비전에서 방송한 공익 광고의 내용에 잘 드러나 있다. 광고의 내용을 옮겨보면 다음과 같다.

　부모는 멀리 보라 하고 학부모는 앞만 보라 하고, 부모는 함께 가라 하고 학부모는 앞만 보고 가라 하고, 부모는 꿈을 꾸라 하고 학부모는 꿈을 꿀 시간을 주지 않습니다. 당신은 부모입니까? 학부모입니까?

자녀에게 꿈을 꿀 시간을 주면서, 멀리 보고 함께 가라고 하는 부모는 열린 우리를 말하는 반면에 자녀에게 꿈을 꿀 시간조차 주지 않으면서 오로지 앞만 보고 홀로 가라고 하는 학부모는 닫힌 우리를 말한다. 부모와 학부모가 모두 우리를 위해서 살아가는 사람이지만, 우리를 바라보는 바에 따라서 내가 열릴 수도 닫힐 수도 있다. 이 광고는 내가 열린 우리가 됨으로써 부모와 학부모가 하나를 이루어 내가 더욱 큰 사람으로 나아가야 함을 말하고 있다.

닫힌 우리에서 열린 우리로 나아가기 위해서는 모든 존재가 함께 어울려 있음에 대한 깨달음이 필요하다. 우리 안에 있는 것은 물론이고 우리의 밖에 있는 것까지 하나의 모두로서 함께 어울려 있음을 깨달아야 모든 것을 임자로서 받아들일 수 있다. 이런 까닭에 닫힌 우리에 머물고 있는 사람은 모든 것이 열린 우리로서 함께 어울리는 일이 어떤 것인지 잘 알지 못한다. 닫힌 우리주의에 갇혀버리게 되면, 그것이 나의 모두인 것처럼 잘못 생각하게 된다.

한국인의 우리주의는 서구인의 개인주의나 중국인의 집단주의와 성격이 다르다. 우리주의는 나도 아니고 너도 아닌 우리에 바탕을 두지만, 서구인의 개인주의와 중국인의 집단주의는 모두 저마다 따로 하는 나에 바탕에 둔다. 서구인이나 중국인이 강조하는 것은 너를 대상으로 마주하고 있는 나라는 주체이다. 다만 서구인과 중국인은 나를 강조하는 방법이 크게 다를 뿐이다.

서구인의 개인주의는 저마다 따로 하는 내가 따로 할

수 있는 영역을 더욱 넓히기 위해서 나와 같은 사람을 뜻하는 we를 될 수 있는 대로 줄이려고 한다. 이들은 학교처럼 여럿이 함께하는 곳조차 'our school'이라고 말하기보다 'my school'이라고 말한다. 이렇게 함으로써 그들은 내가 대상을 오로지할 수 있는 자유와 권리를 크게 키워 나갈 수 있다고 생각한다.

이와 달리 중국인의 집단주의는 저마다 따로 하는 나를 바탕으로 다른 것들을 모두 나와 같은 것으로 만들어서 나를 끝없이 넓혀 나가고자 한다. 중국인들은 학교처럼 여럿이 함께하는 곳조차 我們 學校[나들 학교]로 말하지 않고 我學校[내 학교]라고 말한다. 이로써 그들은 내가 대상을 주도할 수 있는 명분과 권력을 크게 키워 나갈 수 있다고 생각한다.

한국인은 닫힌 우리주의를 흔히 집단이기주의라고 부른다. 집단이기주의는 닫힌 우리가 오로지 이기적인 목적을 위해서 남을 수단으로만 생각하는 것을 말한다. 이러한 집단이기주의는 겉모습에서 서구의 개인주의나 중국의 집단주의와 닮은 점이 많다. 이기적인 모습에서는 서구의 개인주의와 많이 닮았고, 집단적인 모습에서 중국의 집단주의와 많이 닮았다. 그러나 집단이기주의는 나도 아니고 너도 아닌 우리를 바탕으로 하고 있다는 점에서 크게 다르다.

한국인은 너와 남을 하나의 그릇에 담아서 '우리는 좋아한다', '우리는 싫어한다', '우리는 사랑한다', '우리는 미워한다'라고 말하면서, 고운정과 미운정을 함께 나눈다. 이때 우리 안에서만 고운정과 미운정을 함께 나누면, 닫힌 우리가 되어서 집단이기주의로 나아가게 되고, 우리 밖으로까지 두루두루 고운정과 미운정을 함께 나누면, 열린 우리가 되어 고루두루로 나아가게 된다. 고루두루는 모든 사람을 크게 도와서 이루게 하는 '홍익인간弘益人間'을 바탕으로 삼아서 세상의 모든 사물을 크게 도와서 이루게 하는 '홍익세계弘益世界'로 나아간다. 한국인은 이를 통해서 우주에 있는 모든 것과 함께 어울리는 '나'를 이루어 보려는 큰 꿈을 가질 수 있다.

서구의 개인주의나 중국의 집단주의를 끌어다가 한국문화를 풀어내려고 하면, 맞지 않는 점이 매우 많다. 그런데 지금까지 많은 학자들이 개인주의나 집단주의를 끌어다가 한국문화를 풀어내는 일이 많았다. 이들은 한국문화의 현상을 비추어 보기 위해서 서구의 개인주의를 끌어오는 일이 많았고, 한국문화의 바탕을 드러내기 위해서 중국의 집단주의를 끌어오는 일이 많았다. 이렇게 되자, 여러 가지로 이치에 맞지 않는 억지스런 주장들이 모습을 드러내게 되었다. 그 가운데서도 매우 두드러진 것이 '우리'를 놓고서 벌어지는 시비이다.

'나는 우리가 싫다'

'나는 우리가 싫다'라는 말은 이어령 선생이 이화여자대학교 부설 한국문화연구원 50주년을 기념하는 학술회의에서 한 말이다. 그는 주제발표를 하는 가운데 '나는 우리가 싫다, 왜 이화여자대학 학생들이 내 학교라고 하지 않고, 우리 학교라고 하는가'라고 말하면서, 한국인이 학교를 우리 학교라고 말하는 것을 잘못된 것으로 꾸짖었다. 나는 발표자의 한 사람으로서 그 자리에 있었는데, 이어령 선생이 하는 말을 듣고서 갑자기 하늘이 무너지는 듯한 느낌을 받았다.

한국인이 제가 다니는 학교를 우리 학교라고 말하는 것은 지극히 당연한 일이 아닌가. 그것이 무슨 문제가

된다는 말인가! 그런데 이어령 선생은 그것이 매우 잘
못된 일이라고 비판하면서, 한국인과 한국문화에 대해
서 갖가지 주장을 읊어대고 있으니, 나는 기가 차서 어
안이 벙벙하였다.

이어령 선생이 발표를 끝내고 질문을 받는 시간에,
나는 한국인이 말하는 우리에 대한 나의 생각을 말했다
가, 한참 동안 그의 설교를 들어야 했고, 마지막에 차마
입에 담기조차 어려운 막말을 들어야 했다. 그때 벌어
졌던 일과 그 뒤로 이어졌던 일을 간략하게 적어보면
다음과 같다.

2008년 11월 어느 날

2008년 11월 20일에 이화여자대학교 부설 한국문화연
구원 개원 50주년을 기념하는 학술대회가 열렸다. 우리
나라에 설립된 연구소 가운데 50돌을 맞는 것은 한국문
화연구원이 거의 유일하다고 할 수 있기 때문에 이 행
사는 매우 뜻깊은 일이었다.

오전 10시에 이화여대 박물관 시청각실에서 진승권
교수가 사회를 보는 가운데 전혜영 한국문화연구원 원

장이 개회사를 하고, 이어서 이배용 총장과 전 한국문화원구원 원장인 정대현 명예교수의 축사로 기념식이 진행되었다. 나는 오후에 논문 발표를 하도록 되어 있었지만, 다른 분들의 이야기도 들어보고 싶어서, 오전부터 회의에 참석하였다.

기념식이 끝나자, 오전 제1주제로서 이어령 선생이 〈한국 언어의 특성으로 본 한국학의 문제점 – 특히, 한·중·일을 중심으로〉를 발표하였다. 다른 발표자와 달리 이어령 선생은 자료집에 원고를 실지 않은 상태에서, 생각나는 대로 자유스럽게 강연하는 형식으로 발표를 하였다. 이 때문에 지금 나는 그때에 들었거나 주고받았던 말을 어렴풋하게 기억할 뿐이다. 이어령 선생이 다양한 주제를 넘나들며 여러 가지 말을 했을 뿐만 아니라, 그때부터 이제까지 시간도 많이 흘렀다. 내가 대충 기억하는 것은 이어령 선생에게 한 질문과 그에 대한 답변이다.

이어령 선생은 제목에서도 알 수 있듯이 '한국 언어의 특성으로 본 한국학의 문제점'에 대해서 발표를 하게 되다 보니, 한국문화나 한국학연구에 대해 비판적인

이야기를 많이 하게 되었다. 그는 한국문화에 대한 연구는 한자문화권이라는 큰 틀 속에서 이루어져야 제대로 될 수 있는데, 그렇지 못한 점들이 문제라고 지적하였다. 그리고 그는 한자 개념을 바탕으로 한국, 중국, 일본의 문화를 서로 비교하는 일이 무엇보다도 중요하다고 주장하였다.

이어령 선생은 '한국 언어의 특성으로 본 한국학의 문제점'을 말하면서도, 한국학의 핵심이라고 할 수 있는 한국말에 대해서는 거의 이야기를 하지 않았다. 그는 민民이나 맹氓과 같은 한자의 뜻을 풀이하면서, 한자를 제대로 알아야 한국, 중국, 일본의 문화를 제대로 알 수 있다는 식으로 이야기를 펼쳐나갔다.

이어령 선생이 한국말에 대해서 한 이야기는 한국인이 늘 쓰고 있는 '우리'에 관한 몇 마디가 전부였다. 그는 이야기 도중에 '나는 우리가 싫다, 왜 이화여자대학 학생들이 내 학교라고 하지 않고, 우리 학교라고 하는가'라고 말하면서 한국인이 제가 다니는 학교를 우리 학교라고 말하는 것을 잘못으로 말하면서 크게 꾸짖었다. 그의 주장에 따르면, 제가 다니는 학교를 우리 학교라고 말하는 모든 한국인은 그의 가르침 앞에 무릎을 꿇고 잘못을 빌어야 하는 처지가 되었다. 나는 그의 이야기를 듣자마자, 하도 어이가 없어서 갑자기 머리가 멍해지는 느낌이었다. 나중에 들으니, 그 자리에 있었던 다른 교수들도 '저건 너무 심하다'는 느낌을 받았다고 했다.

이어령 선생이 이것저것 끌어다가 자신의 주장을 늘어놓으며 발표를 끝내자, 사회자가 '오늘은 선생님께서 시간에 맞추어 주어서 질문을 할 수 있는 시간을 갖게 되었다'고 말하면서 청중에게 질문할 기회를 주었고, 내가 나서서 '우리'에 대해서 갖고 있는 생각을 말하게 되었다.

나는 이야기의 첫머리에 내가 40여 년 전 중학생 시절에 이어령 선생이 쓴 《흙 속에 저 바람 속에》와 같은 글을 읽으며, 한국문화에 대한 관심을 크게 갖게 된 점을 말하였다. 나는 10대 시절에 이어령 선생을 따라서 '바람이 불어오는 곳'인 서양을 매우 부러워하게 되었고, '물레야, 물레야'로 대표되는 한국의 문화를 바닥부터 새롭게 바라보게 되었다. 나는 이러한 것을 말한 뒤에,

한국학을 전공하는 학자로서 우리에 대해서 갖고 있는 생각을 말하였다.

나는 짧은 시간에 이어령 선생과는 전혀 다른 내 생각들을 핵심만 꼬집어서 말해야 했기 때문에 두서가 없이 이것저것을 오가는 점이 있긴 했지만, 내가 그때 한 이야기는 대략 다음과 같다.

한국말과 중국말이 서로 달라서 한국인과 중국인이 세상을 바라보고 살아가는 것 또한 다른 점이 많다. 한국인이 중국에서 한자 낱말을 많이 가져다 쓴다고 해서, 한국인이 중국인처럼 생각하는 것은 아니다. 그러니 한자 개념으로써 한국, 중국, 일본을 하나로 싸잡아서 풀어내는 것은 문제가 될 수 있다.

중국인은 중국문명의 나이를 6,000년으로 자랑하지만, 중국말에는 한국말의 '우리'에 해당하는 낱말이 없다. 중국말에서 我는 '나'이고, 我們은 '나들'이다. 한국인이 나와 남을 우리에 담아서 우리 마누라, 우리 가족, 우리 회사, 우리나라, 우리 세계 따위로 말하는 것과 다르게, 중국인은 남他을 나我에 담아서 我妻〔내 마누라〕, 我家族〔내 가족〕, 我公司〔내 회사〕, 我國〔내 나라〕, 我世界〔내 세계〕

따위로 말한다. 한국인은 나와 남이 우리로서 함께 어울릴 수 있지만, 중국인은 남을 나와 같은 것으로 만들어서 나의 영역을 넓혀 나가려고 한다. '수기치인修己治人'이나 '수신제가치국평천하修身齊家治國平天下'는 나의 영역을 세상 끝까지 넓혀 나가려는 욕망을 담고 있다.

한국인은 '중中'을 '가운데 중'으로 새기지만, 중과 가운데는 바탕이 매우 다르다. 한자에서 중은 중심中心으로서 나의 심장이 자리하고 있는 곳을 말하고, 한국말에서 가운데는 '가에서 온 데'로서 가장자리에 자리한 이쪽과 저쪽의 사이를 말한다. 따라서 중국인이 중심中心, 중앙中央, 중화中和, 중용中庸, 중화中華, 중국中國으로 말하는 중中은 철저하게 저마다 따로 하는 나에 바탕을 둔 것인 것과 달리, 한국인이 말하는 가운데는 이쪽과 저쪽의 임자가 함께 어울려서 일을 벌이는 곳으로서 우리로서 함께하는 나에 바탕을 두고 있다.

내가 질문의 형식을 빌어서 이어령 선생에게 한 말이 매우 낯설고 당돌할 수 있다는 것은 나도 잘 알고 있었다. 그런데 내가 그렇게 말하지 않을 수 없었던 것은 그가 한국인과 한국문화에 대해서 너무나 황당한 말을 했기 때문이다.

　나의 말이 끝나자, 이어령 선생은 나의 말을 반박하기 위해서 갖가지 것들을 끌어다가 오랫동안 말을 이어갔고, 이로 말미암아 회의장의 분위기가 썰렁해지고 말았다. 그런 가운데 그가 중국과 한국과 일본을 비교해 볼 수 있는 안목을 가져야 한다고 주장하면서, 나를 가리키듯이 "일본도 모르면서"라는 말을 하였고, 내가 큰 소리로 "선생님은 어떻게 제가 일본을 모른다는 것을 알고 계십니까"라고 되묻게 되자, 장내가 더욱 썰렁해지고 말았다. 그 뒤로도 그는 한국의 학자들이 그리스도 알아야 하고, 서구도 알아야 한다는 식으로 계속 말을 이어갔다.

　이어령 선생은 한참이나 말을 이어가다가, 마지막에 나를 가리키며 큰 소리로 "히어hear하지 말고 리슨listen해", "고집부리지 마"라고 호통을 쳤다. 그가 나에게 이런 막말을 쏟아내자, 자리를 함께한 모든 이들이 갑자기 머쓱해지는 상황이 벌어졌다.

　이어령 선생은 말을 마치자 곧장 연단에서 내려와 중앙으로 난 통로를 따라서 밖으로 나갔는데, 마침 통로의 중간쯤에 앉아 있던 조성남 교수가 일어나 이어령 선생에게 인사를 하면서 악수를 하게 되었고, 조 교수의 옆에 앉아 있던 나 또한 어쩔 수 없이 따라서 일어나 악수를 하게 되었다. 호되게 꾸중을 들은 사람이 호되게 꾸중을 한 사람과 악수를 하게 되니 더욱 머쓱했다. 〔조성남 교수는 이화여대 사회학과 교수로서 내가 평소에 조금 알고 지내던 분으로서, 그날 나의 발표문에 대한 토론을 맡아준 분이었다. 조교수는 학부시절부터 모교 교수로 있었던 이어령 선생에게 예를 표하기 위해서 일어나 악수를 청하게 되었다.〕

오전 발표가 끝나고 식당으로 가면서, 나는 평소에 알고 지내던 정대현 명예교수와 더불어 이어령 선생이 한 말에 대해서 이야기를 나누었다. 나는 이어령 선생이 한 말은 납득이 되지 않는 말이라고 이야기했고, 정대현 교수도 그렇게 말하는 것은 문제가 있다고 이야기했다. 정대현 교수는 이어령 교수가 한 말을 못마땅하게 생각하여, '우리 마누라'에 대한 글을 써서, 한국인이 말하는 '우리'가 그릇된 말이 아님을 확실히 보여주고 싶다는 말을 덧붙였다.

2시에 오후 회의가 시작되자, 나는 〈한국인의 임자에 대한 꿈과 한국어〉란 주제로 발표하였다. 나는 한국인이 생각의 임자로서 어떻게 한국말에 사람다움에 대한 꿈을 담아내는지 풀어내는 내용이었기 때문에 오전에 이어령 선생에게 질문했을 때 다하지 못한 이야기도 할 수 있었다. 그런데 이어령 선생은 오전 발표를 마치고 떠나 버렸기 때문에 나의 발표를 들을 수 없었다.

나는 학술회의를 마치고 다른 참석자들과 저녁 식사를 함께한 뒤에 집으로 돌아오자, 오전에 있었던 일이 더욱 새롭게 다가왔다. "나는 우리가 싫다, 왜 이화여자대학 학생들이 내 학교라고 하지 않고, 우리 학교라고 하는가", "일본도 모르면서", "그리스도 알아야 돼", "히어하지 말고 리슨해", "고집부리지 마"와 같은 말이 계속 나의 귓전을 맴돌았다.

나는 학문의 길에 들어설 때부터 스스로 개념을 다듬어 이론을 만드는 사람이라고 말해 왔기 때문에 그동안 여러 가지 일을 겪을 만큼 겪어본 처지였다. 그럼에도 이어령 선생이 한 것과 같은 말은 한 번도 들어본 적이 없었다. 나는 나와 이어령 선생 가운데서 누가 히어만

하고 리슨을 못하는 사람인지, 그리고 누가 고집을 부리는 사람인지 정확하게 따져보고 싶었다. 이를 위해서 나는 이어령 선생이 한 발표와 내가 한 질문과 그것에 대한 답변이 어떠한 것인지 면밀히 살펴보아야 했다.

　나는 이어령 선생이 한 발표와 내가 한 질문과 그것에 대한 답변을 면밀히 살펴보기 위해서 학술대회장면을 담아놓은 녹화자료를 보고 싶었다. 다음날 나는 한국문화연구원 원장인 전혜영 교수에게 전화를 걸어서 녹화자료를 볼 수 있는지 물어보았다. 전혜영 교수는 나에게 그것을 보고자 하는 까닭을 물었고, 녹화가 되어 있는지 아닌지 모르기 때문에 알아보아야 한다고 말하였다.

　그 뒤로 나는 녹화자료를 얻어 보기 위해서 몇 차례에 걸쳐 전혜영 교수에게 전화를 걸었다. 나에게 돌아온 대답은 '있기는 있는 것 같다', '왜 그것을 보아야 하는가', '회의를 해서 결정해야 한다', '그 자리에서 일어난 일은 기억을 더듬어서 정리하면 될 터인데, 왜 굳이 보려고 하는가', 마침내 '우리 쪽에서는 보여 줄 수 없다'와 같은 것이었다. 나는 연구원에서 정해 주는 장소에서 질문하고 답변하는 부분만 보고 올 터이니, 그렇게 해줄 수 없느냐고 사정을 했지만 끝내 이루어지지 않았다.

나는 다른 길을 뚫어서라도 녹화자료를 보고 싶었지만, 결국 포기하고 말았다. 그 자료가 지금도 보관되어 있는지는 알 수 없지만, 이 글을 쓰면서도 끝내 아쉬움을 지울 수가 없다.

나는 학술회의에서 발표한 논문 〈한국인의 사람다움에 대한 열망과 한국말〉을 연구원에서 발행하는 《한국학연구》에 싣겠다고 약속을 했다가, 몇 차례에 걸쳐 연구원장과 승강이를 벌이는 바람에 그것도 그만두었다. 그날 있었던 일은 매우 썰렁하고 씁쓸한 추억으로 남게 되었다.

달이 바뀌고 해가 바뀜

이어령 선생으로부터 이상한 말을 들은 뒤로, 달이 바뀌고 해가 바뀌어도 나는 예전과 마찬가지로 한국인, 한국말, 한국문화를 붙들고 계속 씨름을 하였다.

그러던 어느 날 나는 정대현 교수가 '우리 마누라'의

뜻을 더욱 정확하게 밝혀보기 위해서 쓴 〈'우리 마누라'의 문법〉이라는 논문을 받아보았다. 그가 보낸 논문은 《철학적 분석》 2009년 겨울 호에 실린 것이었다. 그 논문은 나중에 '우리말로 학문하기 모임'에서 2010년에 펴낸 《우리말로 학문하기의 용틀임》에 다시 실려서 더욱 많은 이들이 읽을 수 있게 되었다.

2008년 학술회의에서 '우리'를 놓고서 나와 이어령 선생 사이에 불편한 일이 벌어진 날, 정대현 교수가 '우리 마누라'에 대해서 논문을 써야겠다고 말하는 것은 들었지만, 정작 학술지에 실려 있는 논문을 받아보게 되니, 그날의 기억이 새로웠다. 정대현 교수는 그 논문에서 '우리 마누라'를 실마리로 삼아서 한국말에서 '우리'가 무엇을 뜻하는 말인지 여러 가지로 묻고 따졌다.

훗날 어느 자리에서 정대현 교수를 만났을 때, 그는 나에게 '우리 마누라'에 대해서 쓴 논문을 이어령 선생에게 우편으로 보냈는데, 아직 답장이 없다고 말했다. 나는 당연히 그럴 것이라고 말하면서 함께 웃었다.

정대현 교수가 〈'우리 마누라'의 문법〉이라는 논문의 첫머리에서 밝히고 있는 것은 다음과 같다.

여는 말 : 친밀성 가설은 충분하지 않다.

나는 '우리 마누라'라는 표현을 한동안 비문법적인 것으로 생각했다. 언어에 민감하지 않은 화자들의 언어 사용법이 그렇게 두루뭉술하게 나타나는 것이라고 믿었다. 서양언어 교육을 받은 사람일수록 그런 표현을 덜 사용할 것이라고 추측했었다. 그러나 일상적 대화나 지성적 글에서도 이 표현을 사용하는 사람은 적지 않다. 이어령은 "나와 우리의 구분이 확실치 않아서 때로는 '우리 마누라'라고 말하는 한국인에게는 꼭 맞는 유리 구두가 아니라 오른발이든 왼발이든, 큰 발이든 작은 발이든 웬만하면 넉넉하게 포용하는 짚신이 편타"라고 지적하고 있다. 여기에서 이어령은 이 표현에 대해 한 가지 관점을 드러내고 있다. '우리 마누라'라는 '넉넉하여 편하다'라는 포용성의 관점으로부터 유래된 것일 수 있다는 관점이다.

이러한 포용성의 관점은 지지되고 있다. 사전은 '우리'에 대해 '말하는 이가 자기와 듣는 이, 또는 자기와 듣는 이를 포함한 여러 사람을 가리키는 일인칭 대명사'의 의미도 있지만, '말하는 이가 자기보다 높지 아니한 사람을 상대하여 어떤 대상이 자기와 친밀한 관계임을 나타낼 때 쓰는 말'의 뜻의 여지를 지적하면서 '우리 마누라'를 그 사례로 들고 있는 것이다. 사전은 한국 일상 언어의 어법 중에서 '우리 마누라'는 친밀성의 사례라는 사실을 확인하는 것이다. 그러나 '우리 마누라'에 대한 사전의 이러한 언급은 참이라고 믿지만 모든 참인 것은 아니라고 생각한다. 그리고 이렇게 친밀 관계로 한정하는 구조는 김정남의 분석에서도 나타나 있다. 그는 '우리 엄마/우리 마누라/우리 신랑/우리 아기/우리 동네/우리 학교'의 표현들의 차이에 주목하지 않고 이들을 단순 나열하여 그 친밀성에만 주목하고 있다. '남편'과 '남자 친구'라는 표현을 대조할 때에도 그 미흡함은 여전하다. '남편'이야 굳이 복수의 소유자가 아니라는 점을 강조하지 않아도 '한 사람만의' 남편이라는 것이 자연스러운 해석이므로 복수 의미를 배제하기 위하여 굳이 '내'를 쓰지 않으나 '남자친구'의 경우에는 복수 의미를 배제하기 위해서 적극적으로 '우리'가 아닌 '내'를 쓰는 것이라고 한다. 개인주의가 아닌 집합주의적 문맥에서 '우리 마누라'는 오해 없이 쓰일 수 있다고 가정하는 것이다.

'우리 마누라'에 대한 그러한 관찰은 틀리지 않지만 충분치 않다. 네티즌 박얼서 씨는 '우리 마누라', 이거 틀린 말 아닌가요?'라고 묻고 있다. 많은 사람들이 구체적으로 묻지는 않지만 의문스러워하는 물음이다. 앞의 두 학자의 해석은 일리는 있지만 이 물음의 해답으로는 미진하다. 네티즌의 물음은 '우리 마누라'라는 표현에 대한 여러 가능한 물음들 중에서 기본적인 물음이기 때문일 것이다. 그렇다면 문제는 이것이다. '우리 마누라'는 우리말에서 틀린 사용이 아니다. '우리 마누라'는 서양어로 번역되었을 때에는 틀린 말이 될 수 있지만 우리말에서는 맞는 말이다. 우리말을 우리말법 이외의 문법으로 평가하는 것은 옳지 않다. 그렇다면 '우리 마누라'는 우리말의 문법 안에서 '어떻게 사용되고 있는지'를 조명해 볼 필요가 있다.

또 해가 바뀌었을 때, 나는 정대현 교수가 보내준 〈'우리 마누라'의 의미〉라는 논문을 얻어 보게 되었다. 이 논문은 서울대 철학과 강진호 교수가 정대현 교수가 쓴 〈'우리 마누라'의 문법〉에 제기되어 있는 '우리'에 관한 문제를 정교수와는 다른 시각에서 새롭게 풀어낸 논문이었다.

강진호 교수는 〈'우리 마누라'의 의미〉를 쓰게 된 까닭을 논문의 첫머리에서 다음과 같이 말하고 있다.

정대현 교수는 2009년 《철학적 분석》 겨울호에 실린 논문에서 우리말 표현 '우리 마누라'의 의미를 어떻게 이해할 것인가에 대해 매우 흥미로운 분석을 제시하고 있다. 나는 본 논문에서 그의 분석이 갖고 있는 문제점을 지적하고 대안적 분석을 발전시킨다. 나는 먼저 우리 마누라의 기본적 사용법이 정교수의 주장과 달리 지칭적 사용이 아니라 속칭적 사용임을 논증한다. 이어서 나는 표현 '우리 마누라'가 속성적으로 사용될 때, 정확히 어떤 의미를 갖고 있는지에 대해 논의한다. 이 표현을 이루고 있는 두 단어 '우리'와 '마누라', 그리고 두 단어간의 관계에 대한 고찰을 바탕으로 나는 '우리 마누라'가 (화자가족의 구성원인 화자의 아내)라는 의미를 갖고 있다고 제안한다. 나는 이러한 분석이 왜 정 교수의 분석보다 더 만족스러운지 설명한다.

이어령 선생이 강연에서 '나는 우리가 싫다'라고 한 말이 씨앗이 되어, 두 편의 학술논문이 나오게 되었다. 정대현 교수는 그날에 나와 이어령 선생 사이에 있었던 일을 눈으로 직접 본 분으로서 〈'우리 마누라'의 문법〉을 썼지만, 강진호 교수는 그날 있었던 일을 전혀 알지 못하는 상태에서 〈'우리 마누라'의 의미〉를 썼다. 우리 말의 짜임과 쓰임에 대해 학자들의 관심이 깊어진다면, '우리 마누라'와 같은 것에 대한 논문이 앞으로 계속 나올 수 있을 것이다.

누가 리슨listen을 하지 않고, 누가 고집을 부리는가

내가 30년이 넘도록 학자로서 살아오면서 그날처럼 호된 말을 들어본 적이 없다. 이어령 선생은 나를 보고서 큰 소리로 "히어하지 말고 리슨해" "고집부리지 마"라고 꾸짖었다. 나는 정말 어이가 없었다.

나는 이미 오래 전에 이어령 선생이 한국인은 남의 말을 히어[들리는 대로 듣기만 하는 것]할 뿐, 리슨[귀를 기울여 듣는 것]하지 못하는 나쁜 버릇을 갖고 있다고 쓴 글을 읽은 적이 있다. 그때에는 나도 이어령 선생의 주장을 따라서 한국인이 남의 말을 귀담아 듣지 못하는 못난 사람들이라고 생각하였다.

그런데 한국인과 한국문화를 연구하면서, 한국인이 특별히 남의 말에 귀를 기울이지 못하는 고약한 버릇을 가진 겨레가 아님을 알게 되었다. 세상에 있는 많은 겨레들 가운데서 어떤 겨레를 꼬집어서 남의 말에 귀를 기울이지 못하는 고약한 버릇을 가진 겨레라고 말한다면 그것이 이상하지 않은가? 개인이야 그럴 수도 있지만, 겨레가 그렇다는 것은 아무래도 이상하다.

한국인처럼 우리로서 함께 어울려 살아가는 겨레는 남의 말에 귀를 기울이지 않을 수 없다. 한국인이 정말로 남의 말에 귀를 기울이지 못하는 고약한 버릇을 가진 사람들이라면 어떻게 우리로서 함께 어울려 살아갈 수 있으며, 어떻게 오늘날처럼 온갖 일을 척척 해낼 수 있겠는가?[42]

서양인과 한국인은 남의 말을 듣는 태도가 조금 다르다. 서양인은 개인주의라는 바탕을 갖고 있기 때문에 내가 남의 말에 귀를 기울여 듣더라도, 그것을 받아주는 것은 오로지 나에게 달려 있다고 생각하는 경향이

---

[42] 한국인은 함께 일하는 사이에 이쪽은 이기고 저쪽은 지는 식으로 논쟁하는 것을 좋아하지 않는다. 일을 잘해나기 위해서는 이기고 지는 일보다 함께 어울리는 일이 더 중요하기 때문이다. 한국인이 간혹 이기고 지는 식으로 논쟁을 하는 경우는 서로 적으로 갈라서서 싸울 때이다. 서로 상대를 헐뜯으며 자신의 주장만이 옳다고 우기게 되니, 결과가 뻔하다. 이런 식으로 벌어지는 논쟁을 갖고서 한국인은 논쟁을 못한다고 말하는 것은 무리가 있다.

강하다. 이 때문에 서양인은 남의 말을 아무리 귀담아 들어주더라도, 그의 뜻을 알아주는 것은 나에게 달려 있기 때문에 귀담아 들어주는 것에 대한 부담이 적다고 할 수 있다. 반면에 한국인은 우리로서 함께 어울려 살아가기 때문에 내가 남의 말에 귀를 기울여 들으면, 그것을 우리의 일로서 받아주는 것을 당연하게 생각하는 경향이 강하다. 이 때문에 한국인은 남의 이야기를 들을 때에 언제나 거리를 두는 척하면서 들음으로써, 남의 뜻을 알아주는 것에 대한 나의 부담을 줄이려고 한다. 내가 남의 이야기에 귀를 기울이는 척하게 되면, 남이 내가 그것을 들어줄 수 있을 것으로 오해하게 만들기 쉽다.

이어령 선생이 한국인은 히어만 하고 리슨을 잘하지 못한다고 말하는 것은 한국인의 속내를 깊이 살피지 않은 데서 나온 이야기라고 할 수 있다. 그런데 그는 일찍부터 이런 종류의 이야기들로써 한국인과 한국문화, 나아가 세계적 문화의 흐름에 대해 갖가지 주장을 펴면서 대단히 뛰어난 학자 또는 문사로서 처신해 왔다.

이어령 선생이 나를 보고서 큰 소리로 "히어하지 말

고 리슨해. 고집부리지 마"라고 말하는 것을 들으면서, 나는 '드디어 올 것이 왔구나'라는 생각을 하였다. 이제는 내가 그에게 대답을 해야 할 차례가 된 것이다. 내가 앞에서 한국인에게 나는 누구인가에 대해서 여러 가지로 묻고 따지고 푼 것은 이러한 대답 가운데 하나이다. 한국인에게 나, 너, 저, 우리, 남이 무엇을 뜻하는지 깊이 파고들어 보아야 '우리'가 무엇인지에 대해서 말을 할 수 있다.

이어령 선생은 뛰어난 글재주와 말재주로 1950년대부터 한국의 문화계를 휘저어 온 사람 가운데 한 분이다.43) 그는 서구, 중국과 같은 것을 끌어들여 한국인과 한국문화에 대해서 비평, 비판, 진단, 처방하는 일에 앞장을 섰다. 그런데 그가 한 비평, 비판, 진단, 처방은 많은 것이 겉핥기 수준을 벗어나지 못했다. 그의 말과 글

---

43) 《월간조선》 2010년 5월호에 실려 있는 인터뷰 기사의 제목과 첫머리 글을 옮겨보면 다음과 같다. 〔인터뷰〕 이어령李御寧 전前 문화부 장관 : "평생 용龍 그림 그리려고 했는데 뱀 그림밖에 못 그렸다" - 이어령 전 문화부 장관은 그의 나이 스물두 살이던 1956년에 한국일보에 〈우상의 파괴〉라는 평론을 게재하면서 문단文壇의 총아로 떠올랐다. 당대의 우상이었던 서정주, 김동리, 백철 등을 맹렬히 비판하는 글이었다.

에는 깊이 파고들어 묻고 따지고 풀어낸 자취를 찾아보기 어렵다. 그는 설렁설렁 넘어가기 때문에 곧잘 실수를 저질러 왔다.

예컨대 이어령 선생은 한국 사회가 살기 힘든 시기였던 50년대에 한국말에는 작일昨日을 뜻하는 어제, 금일今日을 뜻하는 오늘은 있지만 내일來日을 뜻하는 토박이말이 없다는 점을 들어서, 한국인은 앞날에 대한 미래의식이 빈약하다는 주장을 폈다. 그때는 한국이 망국, 식민지, 전쟁을 겪어 온 나라로서 매우 어려운 처지에 있었기 때문에 사람들은 그의 주장에 고개를 끄덕일 수밖에 없었다. 한국인은 미래의식이 빈약한 겨레라고 자처하였다.

그런데 송宋나라의 손목孫穆이 11세기 무렵에 고려의 풍습, 제도, 언어 등을 소개하면서 당시의 낱말을 적어 놓은 《계림유사鷄林類事》를 학자들이 연구해본 결과, 당시에 내일來日을 뜻하는 토박이 낱말인 '흘제'[44]가 쓰이고 있음을 알게 되었다. 그 결과로 이어령 선생이 내일

---

44) 손목, 《계림유사》, 明日曰轄載.

來日로 한국인은 미래의식이 빈약하다고 주장한 것은 허튼 소리가 되고 말았다. 그리고 이어령 선생은 내일이라는 낱말이 한국인의 입김이 깊게 배어 있는 한자 낱말이라는 것을 살피지 못하였다. 한국인은 홀제의 뜻을 가진 내일을 써온 것과 달리 중국인은 '새로 밝을 날'을 뜻하는 '명일明日'을 써 왔다.

1970년대 이후로 한국인이 산업화를 통해서 미래에 대한 꿈을 적극적으로 펼쳐 나가자, 한국말에는 내일에 해당하는 토박이 낱말이 없지만, 모래와 글피라는 토박이낱말이 있기 때문에 더욱 미래지향적일 수 있다는 주장이 나왔다. 그런데 내일, 모래, 글피와 같은 낱말로써 한국인의 미래의식을 단정해서 말하는 것 자체가 이치에 맞지 않는다. 한국인이 쓰는 말을 폭넓게 따져보지도 않은 상태에서, 한국인의 미래의식을 이렇다 저렇다 단정하는 것은 매우 지나치다.

이어령 선생은 한국인이 쓰고 있는 '우리'라는 말의 뜻을 깊게 살펴보지도 않은 상태에서 '나는 우리가 싫다. 이화여자대학교 학생이 왜 내 학교라고 말해야지, 우리 학교라고 말하느냐'와 같은 주장을 폈다. 그는 한국인이 '우리 학교'라고 말하는 대신에 미국인처럼 '내 학교my school'라고 말해야 옳다고 보고 있다. 내가 그렇지 않을 수도 있다고 말하자, 그는 나에게 온갖 훈계를 늘어놓은 뒤에 "히어하지 말고 리슨해" "고집부리지 마"라고 호통을 쳤다.

이어령 선생이 얼마나 말을 쓰고 싶은 대로 마구 쓰는지에 대해서는 그가 2006년에 일생의 야심작으로 내놓은 《디지로그》라는 책의 제목에 잘 드러나 있다. 책의 표지에는 《디지로그》라는 제목 밑에 다음과 같은 글이 실려 있다.

통합과 네트워크로 가는 대융합의 이정표

《축소지향의 일본인》 이후 25년만의 이어령의 신작 문명 · 문화론

이어령의 데뷔 50년을 결산하는 역작

인터넷 서점에 올라 있는 저자 소개에는 다음과 같은 글이 실려 있다.

이어령: 문학평론가, 소설가, 극작가, 국문학자, 일본문화 연구자, 에세이스트, 언론인, 문예지 편집자, 출판인, 초대 문화부 장관, 88올림픽 기획자, 새천년준비위원장, 2002 한일월드컵 기획자, 그리고 이화여대 교수. 그의 이름 앞에 놓이는 수많은 수식어가 가능했던 것은 그에게 시대를 통어하는 화두를 간파하고 전체를 통찰하는 견고한 지성과 예지적인 순발력이 있었기 때문이다. 시대를 읽는 특별한 눈을 가진 그가 우리에게 선사하는 새로운 사명은 디지로그 시대의 개척자이자 전도사가 되는 것이다. 한국이 산업사회에선 뒤졌지만 정보화사회에선 선두주자로 나설 수 있음을 일찍부터 설파한 그가 이제 21세기의 새로운 패러다임으로 '디지로그 시대의 개막'을 선언한다.

저자 소개에서 이어령 선생이 갖고 있다고 말하는 특별한 재주, 곧 '시대를 통어하는 화두를 간파하고 전체를 통찰하는 견고한 지성과 예지적인 순발력'이 어떠한 것인지는, 데뷔 50년을 결산하는 책의 제목인 '디지로그' 라는 말에서 잘 엿볼 수 있다.

《디지로그》라는 책의 표지를 보면 디지로그라는 제목

밑에 'digital+analog'라고 부제를 붙여 놓았다. 그는 디지털과 아날로그를 합쳐서 디지로그라는 새로운 낱말을 만들어서 우리 겨레가 디지로그 시대의 선두주자로 나서야 한다고 말한다. 우리 겨레가 선두주자가 될 수 있는 바탕을 갖고 있기 때문에 우리가 선두주자가 되어야 한다는 그의 말은 하나도 나쁠 것은 없다. 그러나 그가 그런 주장을 펴기 위해서는, 그가 하는 말이 탄탄한 바탕을 갖추고 있어야 한다.

이어령 선생이 디지로그라는 새로운 말을 만들어 쓰는 것은 아무런 시빗거리가 되지 않는다. 누구든지 제 주장을 펴기 위해서 새로운 말을 만들어 쓸 수 있다. 그런데 어떤 사람이든 제가 만든 말을 가지고, 다른 사람들을 끌고 가려고 한다면, 말이 되도록 말을 만들어 써야 한다. 말도 안 되는 말을 만들어서 다른 사람들을 끌고 가려는 것은 억지를 부리는 일로, 다른 사람들을 우습게 만드는 일일 뿐만 아니라, 끌고 가서는 안 되는 곳으로 끌고 가기 십상이다.

이어령 선생의 주장에 따르면 디지로그는 디지털과 아날로그를 합친 것으로서, 디지털과 아날로그의 뜻을 하나로 어우르고 있다. 그런데 디지털과 아날로그를 합쳐서 디지털과 아날로그의 뜻을 하나로 어우르고자 한다면, 디짓아나로 해야지 디지로그로 해서는 안 된다. 디짓아나에서는 디짓과 아나의 뜻을 연상해볼 수도 있지만, 디지로그에서는 전혀 그것이 되지 않기 때문이다. 이어령 선생이 디지로그라고 한 것은 디지털과 아날로그라는 낱말이 어떤 짜임새를 갖고 있는 말인지 제대로 살펴보지 않았거나 아니면 아예 본래의 뜻을 무시한 상태에서 억지로 그렇게 한 것이 된다. 그런데 그의 책에는 어떤 근거로 디지로그라는 말을 만들게 되었는지에 대해 구체적인 언급이 없는 상태에서 그냥 디지로그 시대를 선언하고 있다.

디지털digital은 손가락이나 발가락을 뜻하는 디짓digit에 문법 기능을 갖는 얼al이 붙어서 이루어진 낱말이다. 디짓digit은 사람이 10개의 손가락 또는 발가락으로 숫자를 헤아리는 십진법에 따른 계산 또는 진법에 따른 수학적 계산을 뜻하는 낱말로서 쓰이게 되었다.

아날로그analog는 analogue라고도 쓰는데, '~에 대해서'를 뜻하는 ana와 말 또는 논리를 뜻하는 logue가 합쳐진 낱말이다. analog는 이것에 대해서 저것이 논리적으로 비슷한 것임을 뜻할 때 쓰는 말이다. analogy는 이것으로서 저것을 비유하거나 유추하는 것을 말한다.

디지털과 아나로그의 뜻을 제대로 살펴본 경우라면, 두 말의 뜻을 하나로 어우르기 위해서는 digit과 ana를 합치는 경우에 디짓아나digit-ana라고 말을 만들어야 한다. 그래야 서구인이 보거나 들어도 대충 감이라도 잡아볼 수 있다.

디지로그digilog는 디지digi와 로그log를 합친 것이 되기 때문에 t가 떨어져나간 디지digi만으로 디짓digit의 뜻을 담기에는 약간 무리가 따른다. 그리고 로그log는 다이얼로그dialogue, 프롤로그prologue, 카탈로그catalogue 따위에서 볼 수 있듯이 다른 것의 뒤에 붙어서 말이나 논리를 뜻하는 말로 쓰인다. 이런 까닭에 디지에 로그를 붙여서 디지로그라고 하게 되면, 디지digi를 디짓digit의 뜻으로 받아들이더라도, 그것은 '디지의 논리'라는 뜻을 넘어서지 못한다. 디지로그라는 말에는 아날로그의 뜻이 끼어들 수 있는 틈새가 없다.

나는 가까이 지내는 미국인 교수에게 digilog를 써주면서, 이것이 무엇을 뜻하는 말인지 이야기해 보라고 하였다. 그는 digilog라는 낱말을 본 적이 없다고 말하면서, 정확한 뜻을 모르겠다고 대답하였다. 내가 그것의 뜻을 추측해보라고 하자, 그는 디지털과 비슷한 뜻을 가진 것으로 생각된다고 말하였다. 내가 어떤 사람이 digital과 analog를 합쳐서 digilog라는 낱말을 만들어서 널리 선전한다고 말하자, 그는 고개를 가로저으면서 벙긋 웃었다.

이어령 선생은 미국인 교수조차 감을 잡을 수 없는 디지로그라는 말을 만들어서, 한국인이 디지로그 시대의 개척자이자 전도사가 되어야 한다고 주장하였다. 그는 디지로그에 앞서 나가는 사람이 세상을 휘어잡을 수 있다고, 바람을 불어넣으면서 디지로그 열풍을 일으켰다. 말에 어두운 사람들은 디지로그가 대단한 마력이라도 갖고 있는 양, 그 말을 순순히 따라갔다. 인터넷을 검색해 보면 당시에 디지로그의 열풍이 얼마나 거세게 불었는지 잘 알 수 있다.

이어령 선생은 한국인이 21세기를 맞아서 여러 분야에서 뛰어난 업적을 내고 있는 것을 보면서, 그것이 가능한 까닭을 한국문화로 풀어서 사람들의 눈길을 끌고자 했고, 이를 위해서 쓴 야심작이 《디지로그》라고 말할 수 있다. 그는 이전에 한국인은 미래의식이 부족하여 다른 나라에 뒤처지게 되었다고 주장했던 것을 만회라도 하려는 듯이 한국인과 한국문화를 치켜 올렸다.

이어령 선생은 《디지로그》 선언편을 책으로 내면서, 《디지로그》 전략편을 뒤이어 내겠다고 선전하였다. 사람들은 《디지로그》 선언편을 읽으면서 느꼈던 부족함을 전략편이 나와서 해결해 줄 것으로 여겼다. 선언이 아무리 그럴듯해도 구체적 전략이 따르지 않으면 어떠한 일도 할 수가 없기 때문이다. 그런데 6년이 지난 지금에도 《디지로그》 전략편은 나오지 않고 있다. 그리고 그가 《디지로그》로써 불러일으킨 열풍 또한 점차 시들해지고 말았다. 내 수업을 듣는 학생들에게 디지로그라는 말을 들어보았거나, 아는 사람들이 있느냐고 물어보았는데, 거의 없었다.

이어령 선생은 《디지로그》에서 한국인의 힘을 젓가락, 숟가락, 음식 따위로 풀어내었다. 그런데 이런 식의 풀이는 처음부터 많은 문제점을 안고 있다. 왜냐하면 일본인과 중국인 또한 주로 젓가락을 써서 식사를 하기 때문에 젓가락을 사용하는 재주가 한국인보다 못하다고 말하기 어렵다. 그리고 서양인이 포크와 나이프를 써서 식사를 하는 것도 그렇게 간단한 동작은 아니다. 더욱이 인도인은 젓가락이나 숟가락을 사용하지 않고 오로지 손으로만 식사를 하는데도 오늘날 IT기술에서 매우 뛰어난 인재를 많이 배출하고 있다.

《디지로그》라는 책이 안고 있는 가장 큰 문제점은 이어령 선생이 말하는 디지로그는 전혀 별스러운 게 아니라는 점이다. 사람이 컴퓨터로 하는 모든 작업은 기본적으로 디지털과 아날로그의 결합으로 이루어져 있다. 사람은 디지털을 바탕으로 논리를 계산하고 저장하지만, 그것을 눈으로 보거나 귀로 들을 수 있는 것은 아니다. 사람이 디지털로 이루어진 논리를 눈으로 보거나 귀로 들을 수 있도록 실제와 비슷한 형태로 드러내는 것이 아날로그이다. 컴퓨터가 하는 모든 작업은 본디 디지털과 아날로그가 하나로 어우러진 형태를 띤다.

디지털과 아날로그가 하나로 어우러지는 것은 컴퓨터가 아니라 동물이 사물을 인지하는 방식에서 비롯한다. 동물이 사물을 인지하는 과정은 디지털과 아날로그의 결합으로 이루어진다. 예컨대 사람이 쓰는 말의 경우에, 말의 소리는 사물을 기호로써 디지털화―논리화하는 도구이다. 사람은 어떤 것을 '복숭아가 붉다'라는 소리로써 디지털화―논리화하여 뜻을 담은 자료를 만든다. 사람이 '복숭아가 붉다'라는 소리를 듣고서 머릿속에 그 모습을 떠올리는 것은 디지털로 된 자료를 아날로그― 유추한 모습으로 전환하여 인식하는 과정이다. 사람이 머릿속에 떠올리는 모습은 본래의 것이 아니라 비슷한 것이기에 아날로그로 불린다.

또한 사람이 어떤 것을 '복숭아는 붉다'라는 글자로써 기록하는 것은 소리를 글자로써 디지털화―논리화하는 것이다. 사람이 '복숭아는 붉다'라는 글자를 보고서 소리로 읽어서 그 모습을 떠올리는 것이 아날로그―유추한 모습으로 전환하여 인식하는 과정이다. 이처럼 디지털과 아날로그의 결합은 지각이나 생각으로 사물을 인식하는 기본 방식을 이루고 있다. 오늘날 사람들이 컴퓨터를 써서 이러한 것을 새롭게 펼쳐볼 수 있는 힘을 가지게 됨으로써, 디지털과 아날로그에 대한 관심이 새로워지게 되었다. 그러나 디지털과 아날로그의 결합이

전혀 특별한 일이 아닌 까닭에 서구인이 컴퓨터로써 온갖 일을 벌이면서도, 디지로그와 같은 것을 말하지 않았다.

우리나라에서 디지털과 아날로그의 뜻을 합쳐서 하나의 낱말을 만들어 쓴 것은 한양대학교 유영만 교수가 이어령 선생보다 먼저이다. 유 교수는 2002년에 《아나디지다》라는 책을 펴냈다. 《아나디지다》의 영문제목은 《Being Ana+Digi》로 되어 있다. 그가 말하는 '아나디지AnaDigi'는 아날로그의 아나Ana와 디지털의 디지Digi를 합친 것이다. 아나디지AnaDigi는 서구인이 보더라도 대충 그 뜻을 짐작해낼 수 있는 말이다.

유영만 교수가 펴낸 《아나디지다》를 소개한 내용을 옮겨보면 다음과 같다.

가볍고 차가운 디지털은 꺼라!
아날로그와 디지털이 만나 이젠 아나디지AnaDigi로 간다!
아·나·디·지?
아나디지란, 아날로그Analog의 '아나Ana'와 디지털Digital의 '디지Digi'가 만난 신조어로 질주하는 디지털 시대에 브레이크를 거는 새로운 대안이다. 책장을 넘기는 대신 마우스를 클릭하고, 삼겹살집의 이름도 왕삼겹닷컴으로 바뀌어버린 우리 사회, 디지털은 여전히 저만큼 멀리 앞서가며 변화에 지친 우리를 더욱 불안하게 하고 있다. 우리의 삶에 깊숙이 침투해 디지털Digit—All 유토피아, 그 풍요로운 세상에서 아침부터 저녁까지 '또 하나의 가족'이 된 것이다. 그런데 그 장밋빛 꿈처럼 정말 모든 것이 문제없이 돌아가고 있는 걸까?

《아나디지다》는 이러한 질문에 생각할 거리와 되돌아보는 여유를 주는 에세이이다. 맹목적으로 디지털에 쫓아가는 시대를 다양하게 통찰하고, '돼지털 제국'의 만행에 쓴 소리도 마다하지 않으며, 우리가 빠져있는 디지털 시대의 오류들을 지적한다. 북경반점의 짬뽕에서만 맛볼 수 있는 아날로그의 깊은 맛, 디지털 패스트푸드의 제국에서 된장찌개 인간이 꾸는 쓸쓸한 꿈을 말한다. 특히 이 책은 재치 있는 언어와 기발한 비유가 반짝반짝 살아있고 저자 특유의 입담과 감칠맛 나는 문장도 독자들의 재미를 더한다. 저자가 이야기하는 희망과 대안은 변화에 지친 뭇 '안할려구(아날로그)맨'들을 다독이며, 잔잔한 여유와 깊이 있는 감동을 줄 것이다.

이제는 '접속' 대신 '접촉'으로, 다시 '몸의 시대'로 돌아가 '

실천하는 손'을 가져야 할 때이다. '공짜'만 있고 '공유'가 없는 정보 광신도가 되어서도 안 된다. 이 책은 디지털 폭력에 압사하는 아날로그를 강력히 변호하기도 하지만, 그렇다고 무조건 디지털과 디지털 네트워크를 꺼버리라고 주장하는 것은 아니다. 차가운 네트워크 위에서도 따뜻하고 개방적인 공동체는 얼마든지 가능하고, 오히려 네트워크 위에서 인간 존재는 뻗어 나가는 거미줄이 되어 무한히 확장된다고 이야기한다.

'물살이 빠른 곳에는 물고기가 살지 못한다.'는 평범한 옛사람의 말처럼, 우리에게 지금 필요한 건 여유와 관조이지 눈먼 부지런이 아니다. 시대를 통찰하는 저자의 따끔한 충고가 가슴에 와 닿고 저자가 보여주는 묵히고 삭히는 삶의 멋은 그윽하게 느껴진다. '나 다시 돌아갈래!'라는 외침은 오랫동안 독자들의 마음속에 진지한 아날로그 파문을 남길 것이다.

구글에서 아나디지anadigi, ana-digi, 디지아나digiana, digi-ana를 검색해보면 이들이 일반적인 용어로 쓰이는 사례는 찾아보기 어렵다. 시계와 같은 물건을 소개할 때, 숫자로써 시간을 표시하는 기능과 바늘로써 시간을 표시하는 기능을 아울러 갖고 있는 것을 가리킬 때 쓰이고 있다. 그런데 디지로그digilog, digi-log를 검색해보면 이어령 선생이 말하는 것처럼 디지털과 아날로그의 합성어로서 쓰인 경우는 찾아볼 수 없다. 디지로그라는 말이 디지털 논리 또는 디지털 논리체계라는 뜻으로 쓰이고 있는 몇몇 사례가 보일 뿐이다.

이어령 선생은 잘 알아먹을 수 없는 이상한 말을 끌어다가 사람을 홀리고 누르는 일을 자주 해 왔다. 그는 한국인인 나를 앞에 놓고 '그냥 듣지 말고, 기울여 들어'라고 말하지 않고, "히어하지 말고 리슨해"라고 함으로써 나를 홀려서 누르려고 하였다. 그는 미국인이 쓰는 히어와 리슨을 빌려서 한국인의 잘못을 꾸짖어야 제대로 홀리고 누를 수 있다고 생각했기 때문에 굳이 영어를 끌고 왔다. 이러한 방식은 조선시대에 지배층이 즐겨 하던 일이다. 선비들은 걸핏하면 유식을 무기로 삼아서 '네 이놈, 네가 삼강을 아느냐 오륜을 아느냐. 어느 안전이라고 비상한 수작을 부리느냐'와 같은 식으로 무식한 사람을 홀리고 눌렀다.

이어령 선생은 한국인, 한국말, 한국문화를 말하면서 그것을 깊이 있게 파고드는 일을 하지 않았다. 그는 스스로 한 곳에 머무르지 못하는 성격이라고 말하고 있다. 또한 그는 스스로 "내가 기본에 약한 것은 어쩔 수 없는 거지요. 내가 그동안 여러 가지 일을 했지만, 깊이 있게, 치밀하게 들어간 건 한 가지도 없지요. 아이디어, 직관력 이런 걸로 살아온 거지요"45)라고 말하고 있다. 이 때문에 그는 오랫동안 국어국문학과 교수로서 학생들을 가르쳤음에도 한국인, 한국말, 한국문화에 관한 논문, 학술서, 이론서 따위를 거의 내지 않았다.

이어령 선생이 학술서나 이론서로 낸 책은 일본에 관한 것이 주를 이룬다. 그는 일본인이 가장 일본적인 문학의 하나로서 세계에 자랑하는 하이쿠俳句와 관련한 연구서로서 《하이쿠 문학의 연구》를 냈다. 이 책은 일본에서 일본말로 출간되었다가, 나중에 한국말로 된 번역본이 나왔다. 또한 그는 일본인과 일본문화의 특성을 분석한 이론서로서 《축소지향의 일본인》을 냈다. 이 책도 일본에서 일본말로 출간되었다가, 나중에 한국말로 된 번역본이 나왔다. 이 책은 일본에서 큰 반향을 일으

---

45) 《월간조선》 2001년 7월호, 〈오효진의 인간탐구〉, 이어령과의 인터뷰.

켰다고 하며, 한국에서도 적지 않게 읽혔다. 그에 따르면 일본의 대학입시에는 매년《축소지향의 일본인》에서 문제가 출제되고 있으며, 고단샤講談社에서는 영어와 일본어로 된 대역본까지 출판했다고 한다. 그런데 왜 그는 한국인과 한국말과 한국문화에 대해서는 탄탄한 학술서나 이론서를 제대로 내지 못했을까.46)

이어령 선생은 스스로 밝히고 있듯이 일본말과 일본책을 통해서 상상력의 나래를 펴기 시작한 사람이다. 그는 오효진과의 인터뷰에서 "나는 학교에 다니기 전에 스스로 일본글을 다 익혔어요. 내 위로 형님들이 네 분이나 계셔서 형님들이 읽던 신초샤新潮社 판 세계문학전집 35권이 집에 있었으니까, 내가 그걸 다 읽었어요. 초등학교 다니는 애가 대학생들이 읽는 책을 말도 다 모르면서 막 읽기 시작한 겁니다. 왜? 그땐 애들을 위한 책은 없었으니까". 오효진이 "의미가 통하던가요?"라고 묻자, 그는 "모르는 게 많죠. 머리는 좋으니까 상상력으로 빈 공간을 다 채워 넣는 겁니다. 예를 들면, 러시아

---

46)《월간조선》, 2001년 7월호, 〈오효진의 인간탐구〉, 이어령과의 인터뷰.

문학에, 사모아르가 끓고 있었다, 이런 말이 나오는데, 그 사모아르가 뭔지 모르니까 상상하는 겁니다. 뭐 물 끓이는 통이겠지 하고. 그때의 그 상상력이 요즘 아이들 같은 만화적 상상력이 아니고, 빈 칸을 메우는 상상력이었단 말입니다. 어린 아이의 두뇌 세포가 그런 쪽으로만 발달되니까, 짐작, 추리, 상상, 이런 게 나한테 좋은 텃밭이 된 것 같아요. 나는 초등학교 때 세계문학전집을 다 읽어 버렸어요. 셰익스피어까지도". 오효진이 "참 무서운 아이였군요!"라고 말하자, 그는 "초등학교 5학년 땐데 공부시간에 책상 밑에 책을 놓고 읽다가 선생님한테 들켰어요. 선생님이 무협지 같은 건 줄 알고 뺏어 보니까, 장정이 잘된 일본 세계문학전집이거든. 선생님이 기가 막혀서 '네가 이게 뭔지 알아서 읽느냐'고 해요. '재미있어서 읽습니다' 했더니, '말도 안 되는 소리 하지 마라. 대학생이 읽는 걸 네가 무슨 재미가 있단 말이냐. 어디 한 번 줄거리를 말해 봐라' 그래요. 그래서 '사람들이 풀을 뽑는다고 어찌 봄이 오지 않겠는가' 하고 첫줄부터 쫙 외었더니, 선생님이 이렇게 쳐다보다가 놀래서 '야, 뭐 이런 게 있나!' 하는 겁니다"라고 말하였다.[47] 그에게 일본말과 일본문학과 일본문화는 상상력의 바탕이었다.

이어령 선생은 걸핏하면 서양이나 중국, 일본을 끌어다가 한국인, 한국말, 한국문화를 풀어 왔다. 그가 1950년대부터 2010년대에 이르는 지금까지 60년 가까이 즐겨 해온 방식이라고 말할 수 있다. 처음에는 주로 서양을 끌고 와서 한국인과 한국문화에 대한 이야기를 펼쳤다. 그러다가 서양이 점차 익숙한 곳으로 바뀌자, 중국이나 일본을 끌고 와서 한국인과 한국문화에 대한 이야기를 펼치기 시작하였다. 그는 현재 한·중·일비교문화연구소 이사장을 맡고 있다.

이어령 선생이 언제나 남의 것을 바탕에 깔고서 한국에 대한 이야기를 펼치는 까닭에 그의 글은 다음과 같은 몇 가지 특징을 갖고 있다.

첫째, 한국의 역사에 관한 진지한 논의를 찾아보기 어렵다. 그의 글에서 한국의 역사는 한국인이 스쳐 지나간 자취일 뿐이다. 그의 글에는 한국의 역사가 흐름

---

47) 《월간조선》, 2001년 7월호, 〈오효진의 인간탐구〉, 이어령과의 인터뷰.

을 갖지 못한 상태에서 부스러기처럼 갖가지 조각들로 흩어져 있다. 그는 필요할 때마다 이러한 조각을 끌어다가 하고 싶은 이야기를 늘어놓는 방편으로 삼고 있다.

둘째, 한국인의 사상에 관한 진지한 논의를 찾아보기 어렵다. 그의 글에서 한국인의 사상은 한국인이 그때그때마다 주고받았던 생각일 뿐이다. 그 안에는 한국인의 사상이 줄기를 갖지 못한 상태에서 무수한 낱알들로 널려 있다. 그는 필요할 때마다 이러한 낱알을 끌어다가, 하고 싶은 이야기를 늘어놓는 방편으로 삼고 있다.

셋째, 한국말에 관한 진지한 논의를 찾아보기 어렵다. 그의 글에서 한국말은 한국인이 쓰는 하나의 말일 뿐이며, 한국말이 생각을 담는 그릇이라기보다는 수다를 떠는 꺼리이다. 그는 서울대학교 국문학과에 다니던 시절에 문경에서 고등학교선생으로 근무하면서 《종합국문연구》라는 참고서를 써서 돈을 제법 벌었다고 말하고 있다.[48] 그에게 한국말은 일찍부터 파고드는 탐구의 자료

---

48) 오효진과의 인터뷰에서 이어령 선생은 '대학교 때는 돈이 없어서 문경 고등학교에 가서 국어도 가르치고 고문古文도 가르치고 영어도 가르치고 그랬어요. 지금 생각하면 있을 수 없는 일이죠. 대학 3학년 때(1955) 내가 처음으로 거기서 대학입시 국어참고서

라기보다는 재주를 부리는 수단에 가까웠다.

넷째, 한국의 문화에 관한 진지한 논의를 찾아보기 어렵다. 그의 글에서 한국문화는 그저 주장을 펼쳐 나가기 위해서 끌어다 쓰는 자료이거나 소품일 뿐이다. 그는 일본책을 통해서 배운 일본문화와 서구문화에 대한 안목을 바탕에 깔고서, 한국인과 한국문화를 재단해 왔다. 그가 '나는 우리가 싫다. 우리 학교라고 말하지 말고, 내 학교라고 말해야 한다'고 주장하는 것도 일본문화와 통하는 바가 없다고 말하기 어렵다. 예컨대 한국인이 '우리'라고 말하는 것을 일본인은 나 또는 나들을 뜻하는 '와레와레我々' 또는 '와레라我等', '와타쿠시타치私たち', '와타시타치私たち' 따위로 말한다. 일본인이

《종합국문연구》라는 책을 냈어요. 문법은 동기생인 안병희한테 쓰라고 했고, 감수는 이숭녕 교수 이름을 빌리고. 그때 그 책이 꽤 많이 나가서 돈 좀 들어왔어요'. 오효진이 '왜 그런 걸 하셨어요 학생이?'라고 묻자, '서울에선 도저히 살 수가 없었으니까. 등록금도 없고. 그러니까 돈 벌러 간 거지'. 오효진이 '강의는 안 듣고요?'라고 묻자, '그때는 다 대리 출석해 주고 그랬어요. 또 교수도 휴강을 아주 많이 했어요', '공부는?'라고 묻자, '아 도서관에 가서 책 빌려서 보면 되고'. '그럼 시험은?'하고 묻자, '아 그건 치면 되고'라고 말하고 있다. 이 글을 읽노라면, 이어령 선생이 정신을 차리기 어려운 시대를 살면서 하고자 하는 일을 위해서 이것과 저것을 크게 가리지 않았음을 알 수 있다.

이렇게 말하는 것은 중국인이나 서구인이 말하는 방식과 비슷하다. 일본인이 한국말의 우리와 비슷한 '우치うち'라는 말을 갖고 있기는 하지만, 매우 특수한 경우에 한정해서 쓰고 있다. 그리고 일본말에서 볼 수 있는 우치라는 말의 뿌리는 한국말에서 찾을 수 있다.49)

내가 지금까지 이어령 선생에 대해서 지나치게 심한 말들을 많이 쏟아냈을지도 모른다. 그는 60년 가까이 한국인과 한국문화를 새롭게 바라보고 새롭게 생각할 수 있는 실마리를 제공해 온 분이다. 그는 이것만으로도 크게 대접을 받아야 할 분이다. 그는 그가 할 수 있는

---

49) 나는 〈한국인의 사회적 성격〉(2)에서 일본말 '우치うち'와 한국말 '우리', 일본말 '이에いえ'와 한국말 '집'이 같은 뿌리에서 나온 말임을 밝힌 바 있다. 한국말에서는 우리와 집이 짝을 이루고 있는 것이 일본말에서는 우치와 이에가 짝을 이루고 있다. 한국말 '우리'와 일본말 '우치'는 모두 어떤 것으로 둘러싸여 있는 안이나 속을 일컫는다. 한국말에서 볼 수 있는 울, 울타리가 우리와 '우치'의 뿌리라고 할 수 있다. 이 때문에 '우리'와 '우치'로 이루어진 낱말은 모두 같은 짜임새를 갖는다. '우치노 가가아(うちの嚊)'는 우리 마누라, '우치노 오야지(うちの親父)'는 우리 아버지, '우치노 무스메(うちの娘)'는 우리 딸을 가리킨다. 이와 함께 한국말 '집'과 일본말 '이에'는 모두 사람이 짚으로 이엉을 엮어서 지붕을 이는 것에 바탕을 두고 있다. 한국말은 이엉을 엮는 재료인 짚을 바탕으로 집을 말하고, 일본말은 짚으로 엮은 이엉을 바탕으로 이에를 말한다. 일본말 '우치'와 '이에'를 통해서 일본으로 넘어간 한국문화의 자취를 찾아볼 수 있다.

만큼 열심히 해 왔다. 문제는 이어령 선생에게 있는 것이 아니라 그를 넘어서지 못한 후학들에게 있다. 후학들이 당연히 한국인과 한국말과 한국문화에 대해 넓고 깊게 묻고 따지고 풀어야 했다.

그럼에도 이 책을 처음부터 읽어본 사람이라면 내가 이어령 선생에 대해서 한 이야기가 크게 지나치지 않음을 알 수 있을 것이다. 한국인의 삶이 담겨 있는 나, 저, 우리, 너, 남, 사람다움, 아름다움, 어짊, 모짊과 같은 말이 무엇을 뜻하는지 밝히기 위해서 수십 년에 걸쳐 묻고 따지고 푸는 일을 되풀이해 온 나와 같은 사람이 알아낸 결과들에 비추어볼 때, 이어령 선생은 그동안 한국인과 한국문화에 대해서 너무나 말을 가볍게, 그리고 쉽게 해 왔다. 이제 그는 '나는 우리가 싫다. 왜 이화여자대학 학생이 내 학교라고 말해야지 우리 학교라고 말하는가'와 같은 억지스런 주장을 접어야 한다. 정작 우리가 싫다면 혼자서 그렇게 하면 되는 일이다. '우리 학교'라는 말을 당연하게 여기고 쓰는 한국인 모두를 꾸짖어서는 안 된다.

이제부터 한국인, 한국말, 한국문화에 대한 연구와 논

의가 새롭게 펼쳐져야 한다. 한국인이 사람답게 살아보기 위해서 애써 갈고닦아 온 나, 저, 우리, 너, 남, 아름, 그위, 다움, 사람다움, 아름다움, 어짊, 모짊, 배움, 익힘, 가르침, 사랑, 다스림과 같은 말을 묻고 따지고 풀어서 사람답게 되는 길을 함께 만들어 나가야 한다. 이를 위해서 한국인이 왜 사私를 '아름 사'로, 공公을 '그위 공'으로, 덕德을 '큰 덕'으로, 인仁을 '클 인'으로, 선善을 '어질 선'으로, 악惡을 '모질 악'으로 새겨 왔는지 물어보고, 따져보고, 풀어보는 일에 관심을 가져야 한다.